AMOR
SEM DR

Coleção Crescer em Família

- *Adoção: exercício da fertilidade afetiva*, Hália Pauliv de Souza
- *É possível educar sem palmadas? Um guia para pais e educadores*, Luciana Maria Caetano
- *Equilíbrio instável: a separação dos pais narrada pelos filhos*, Ennio Pasinetti e Mariella Bombardieri
- *Juntos somos mais que dois: dicas para um casamento feliz*, Mari Patxi Ayerra
- *Quando é necessário dizer não: a dinâmica das emoções na relação pais e filhos*, Mariangela Mantovani e Mario Roberto da Silva
- *Um amor de irmão: como sobreviver aos ciúmes e às rivalidades entre irmãos*, Dolores Rollo
- *Amor sem DR: construa uma relação amorosa duradoura*, Mariangela Mantovani

Mariangela Mantovani

AMOR SEM DR

Construa uma relação amorosa duradoura

Dados Internacionais de Catalogação na Publicação (CIP)
Angélica Ilacqua CRB-8/7057

Mantovani, Mariangela
   Amor sem DR : construa uma relação amorosa duradoura / Mariangela Mantovani. – São Paulo : Paulinas, 2021.
   176 p. (Coleção Crescer em Família)

ISBN 978-65-5808-068-8

1. Famílias 2. Casamento 3. Divórcio I. Título II. Série

21-2321   CDD 306.8

Índice para catálogo sistemático:
1. Família : Casamento   306.8

1ª edição – 2021

Direção-geral: *Flávia Reginatto*
Editora responsável: *Andréia Schweitzer*
Copidesque: *Ana Cecilia Mari*
Coordenação de revisão: *Marina Mendonça*
Revisão: *Sandra Sinzato*
Gerente de produção: *Felício Calegaro Neto*
Capa: *Rafael Augusto Vertamatti*
Diagramação: *Ana Claudia Muta*

Nenhuma parte desta obra poderá ser reproduzida ou transmitida por qualquer forma e/ou quaisquer meios (eletrônico ou mecânico, incluindo fotocópia e gravação) ou arquivada em qualquer sistema ou banco de dados sem permissão escrita da Editora. Direitos reservados.

Paulinas
Rua Dona Inácia Uchoa, 62
04110-020 – São Paulo – SP (Brasil)
Tel.: (11) 2125-3500
http://www.paulinas.com.br – editora@paulinas.com.br
Telemarketing e SAC: 0800-7010081
© Pia Sociedade Filhas de São Paulo – São Paulo, 2021

"The love you take is equal to
the love you make"
[O amor que você recebe é igual
ao amor que você cultiva].
Beatles, "The end"

Agradecimentos

Há três anos venho escrevendo e revendo muitas vezes esta obra e foi extremamente prazeroso. Agradeço a cada mestre que passou por minha vida e aos livros em que estudei.

Agradeço a meu filho Bruno, a minha nora Beatriz, aos meus enteados-netos, Enrico e Olivia, que me inspiram cada vez mais a aprender e a me relacionar, de forma prazerosa e salutar, com um estilo moderno de família.

Meu profundo reconhecimento a todos os meus pacientes que me auxiliam a entender e compreender o jeito como os casais se perdem, mostrando que, com compromisso e esforço, é possível reencontrar o caminho e colocar a família nos eixos novamente.

Homenagem ao meu sobrinho Rafael e sua esposa Érica, pais do Arthur, meu sobrinho neto.

Por fim, agradeço a Deus pela minha profissão que tanto ensina e ajuda, em um movimento sistêmico e constante.

Sumário

Apresentação 11

Prefácio 15

INTRODUÇÃO

Pais e filhos: a relação primordial................................21

PARTE 1
ELA E ELE

Amar e ser amado..33

Quando a paixão passa...39

O amor e suas faces ao longo do tempo....................43

Mas eu me mordo de ciúme 47

Relacionamento abusivo: como reconhecê-lo 59

Cobranças: um dos grandes vilões de
um relacionamento 63

Como recuperar o que parece impossível..................69

Trair ou ser traído: como reagir?.................................95

Quando o desejo sexual está abalado 103

Como o dinheiro entra na conta dos relacionamentos 107

Um "estranho" no ninho 113

PARTE 2
ELA, ELE E OS FILHOS

Os meus 123

Os seus 145

Os nossos 159

CONCLUSÃO

Os três subsistemas básicos dos sistemas familiares 171

Apresentação

Pude acompanhar profissionalmente a vida de Mariangela Mantovani, na fase em que ela iniciava sua carreira.

Nessa época, já se defrontava com as lutas da mulher independente, tendo que se esforçar para ser uma boa mãe e exigir maior participação do pai de seu filho, que, por dificuldades, se ausentava demais das decisões importantes que direcionavam a vida do menino. Sempre se desdobrou emocional e mesmo financeiramente para que Bruno tivesse as melhores oportunidades na vida. Hoje ele é um homem de bem.

Nessa época, teve que lidar com forças de seu mundo interno que atrapalhavam seu potencial e desenvolvimento. Mariangela enfrentou-as e foi desvencilhando-se dos obstáculos.

Desde cedo, debruçou-se sobre a Psicologia da Educação, participando de atividades em várias escolas. Nesse tempo, ganhou grande experiência com consultorias, trabalhando com alunos com dificuldades pedagógicas, muitas vezes com alterações em seu psiquismo, fruto de famílias disfuncionais.

Mariangela é uma pessoa religiosa e desenvolveu trabalho árduo no atendimento a pessoas que procuravam ajuda na Paróquia São Judas Tadeu, em São Paulo. Todos que realizavam algum atendimento na paróquia e apresentavam problemas que iam além das crenças eram encaminhados à Psicologia. Ainda hoje ela atende ali pessoas com problemas pessoais dos mais variados.

Ela sempre foi ávida por seu desenvolvimento clínico e científico. Participou de inúmeros congressos de sua especialidade, bem como de cursos que lhe agregavam conhecimento, melhorando seu desempenho profissional e fazendo sua carreira deslanchar.

Sua atuação concentrou-se nas modalidades clínicas e educacionais. É especializada em várias áreas, como psicodrama, sexualidade humana, terapia de casais e famílias, psicologia clínica e educacional.

Mariangela, tanto na vida pessoal quanto na profissional, pôde, através de suas experiências, vivenciar uma plêiade de situações relacionais, fazendo dela uma profissional bastante experiente na área das relações humanas.

Já ia esquecendo outra de suas atividades. Como escritora, foi pondo no papel e inserindo no mundo digital toda a sua vivência. Ou seja, tudo que vem aprendendo na vida, tenta transmitir de forma generosa, seja através da função de docente, seja como assessora de grupos profissionais, seja ainda no atendimento às pessoas.

Com tudo que descrevi, Mariangela Mantovani está altamente capacitada a tratar dos vários problemas dos relacionamentos, por sua intensa atividade clínica de consultório, docente e vivência pessoal.

Mauro Brasil
Médico pediatra.
Atuou como diretor clínico do Hospital Brigadeiro SUS.
Médico da Cedipi – Clínica de Imunizações.
Psicoterapeuta psicodramatista pelo Sedes Sapientae.

Prefácio

Recebi, com grande satisfação, o convite para escrever o prefácio do livro de Mariangela Mantovani, que admiro não só pelas suas qualidades pessoais, mas por conhecê-la como terapeuta de família e excelente palestrante, além de valorizar muito toda ajuda que presta aos pais para bem educarem seus filhos, neste mundo tão desprovido de posições educacionais seguras e com embasamento sério.

Quem aceita essa missão, que recebi da Mariangela, deve se preocupar, em primeiro lugar, em saber para qual público o livro se destina e, depois, se policiar para não esperar que o mesmo seja escrito segundo suas expectativas, pois, de acordo com as nossas subjetividades, isso seria impossível.

A autora fala na sua introdução, dizendo: "Espero que você aproveite muito esta leitura. Que possamos juntos buscar a construção de um mundo melhor, pois não é segredo que, ao cuidar das novas gerações, respeitando as diferenças individuais, cuidamos da sustentabilidade do planeta. E esse processo começa por nossas atitudes como pais e educadores". Esta afirmação, bem como a sua forma direta de se dirigir ao leitor, deixa claro que seu livro, antes de tudo, é voltado a pais e educadores. Isso não quer dizer que profissionais de terapia familiar não possam aproveitar muitas das suas colocações ou que não possam tirar de seus exemplos e exercícios um ótimo aprendizado.

Digo isso porque o tom coloquial usado na obra leva-nos quase a visualizar os casais para quem são feitas as colocações. Embora esse tom seja claro e simples, não deixa de ser profundo. Os exemplos trazidos são baseados na prática clínica, e a maior parte deles apresenta a forma como os problemas foram solucionados, mostrando a eficácia das intervenções e a excelente didática da autora, que prende nossa atenção e nos faz desejar não parar de ler para descobrir qual foi a conclusão. Os exercícios propostos possibilitam que os leitores os usem em seu próprio desenvolvimento, o que é raro encontrar em livros com esse objetivo.

O livro toca em pontos importantes, como o fato de a procura pela autoconsciência ser um caminho longo, um processo a ser trabalhado a vida toda e sempre revisitado, principalmente quando atravessamos algum problema relacional. Alerta, contudo, que isso não pode servir ao outro como desculpa para ser "aceito como é", afirmação que revela, antes de tudo, comodismo por parte de quem a faz, pois a busca da autoconsciência tem que ser bilateral, sem fechamentos e com responsabilidade compartilhada.

Muito interessante a forma como ela trata de maneira isenta o problema do ciúme e da traição no relacionamento de casal. Também, a oportunidade de recuperação da libido, por meio da redescoberta de querer ser amada e da comunicação com o parceiro. Considero essas colocações muito proveitosas para quem vive ou trabalha terapeuticamente com esses problemas.

Na segunda parte do livro, que trata da relação de casais, separados ou não, com seus filhos, Mariangela fala de dificuldades surgidas de todas as partes do sistema familiar, não se prendendo ao chavão "os pais são sempre os culpados", ainda que não os exima da obrigação de serem os maiores responsáveis pela solução dos problemas da família.

A autora procura elencar as possíveis dificuldades que surgem nas famílias, e o faz apresentando problemas oriundos de todos os subsistemas familiares. Começa reforçando a importância da responsabilidade de cada um para com os outros, mesmos os ex-cônjuges, e afirma que essa responsabilidade inclui o respeito aos limites de cada pessoa. A invasão de limites pode partir tanto dos esposos como das famílias destes, como sogras, mães, tios, avós etc. Pode, ainda, provir dos filhos ou enteados, que não aceitam o novo cônjuge. Pode também proceder de um consorte em relação aos filhos do outro ou ao ex-cônjuge dele. Os enfoques são, assim, bastante variados.

Por todas essas considerações, só posso felicitar a autora pela abrangência de seu olhar, no que se refere aos temas apresentados e a sua didática, praticidade e facilidade de expressão, tornando o texto tão agradável que fica difícil parar a leitura. Além disso, sua obra é extremamente útil para os pais, que, querendo ou não, se veem obrigados a sair do papel de vítimas, entender o problema de vários ângulos e compreender a sua responsabilidade, mesmo que a questão tenha a ver com sua própria baixa autoestima.

O conceito que a autora propõe de IR – *investir na relação*, contando com a figura imparcial do terapeuta – em lugar da DR – *discutir a relação* sozinhos –, é bastante interessante, pois mostra o valor da figura do terapeuta, com seus recursos, para ampliar a compreensão do problema, não deixando que a discussão caia em uma mesmice cansativa.

Trata-se, portanto, de um livro indicado tanto para aqueles que desejam prevenir problemas conjugais e educacionais como para os que já os têm e querem refletir sobre como administrá-los, sendo também de muita utilidade para terapeutas familiares, pelos conceitos e exercícios que propõe.

Maria Rita D'Angelo Seixas
Doutora em Psicologia, psicodramatista, terapeuta de famílias.
Presidente do I Congresso Brasileiro de Terapia Familiar.
Presidente fundadora da APTF – Associação Paulista
de Terapia Familiar, que deu origem à ABRATEF –
Associação Brasileira de Terapia Familiar.
Autora do livro *Sociodrama familiar sistêmico*
e de muitos capítulos em vários outros livros
sobre terapia familiar, psicodrama e violência doméstica.

INTRODUÇÃO

INTRODUÇÃO

Pais e filhos: a relação primordial

Como falar de família sem começar pelo casal, uma vez que todos somos originários de um pai e de uma mãe?

Sempre fui muito interessada no reflexo da relação dos pais em seus filhos. A importância da estrutura familiar é desenhada, principalmente, pela relação do casal, como pilar para a formação dos filhos, muitas vezes determinando perfis comportamentais.

Resolvi escrever este livro, pois quero compartilhar os aprendizados que desenvolvi ao longo de mais de quarenta anos atendendo famílias. Na primeira parte, conversaremos sobre o relacionamento amoroso do casal e, na segunda, vamos tratar sobre os filhos, como parte desse relacionamento.

Quando o casal está apaixonado, tudo parece lindo e maravilhoso, porém, o tempo passa e o véu da paixão cai, dando espaço para começar a enxergar o outro como ele realmente é e, muitas vezes, projetando nesse outro muitas das próprias características.

Vamos tratar desses e de outros aspectos familiares, sob o ponto de vista de pais casados ou divorciados.

Com este livro, quero ajudar você a compreender melhor as relações e seus altos e baixos. O casal nem sempre está feliz, porém, pode aprender a construir uma relação de respeito e amor que seja duradoura.

Os filhos são impactados tanto pelo comportamento individual dos pais quanto pelas ações do casal, mesmo após um divórcio. Quando há brigas constantes e falta de respeito, é muito provável que as crianças e jovens carreguem esse modelo para suas relações pessoais.

Em *Amor sem DR*, vou também abordar e mostrar na prática como desenvolver um comportamento que promova autoestima, não só nos filhos, mas também no companheiro.

Espero que você aproveite muito esta leitura. Que possamos juntos buscar a construção de um mundo melhor, pois não é segredo que, ao cuidar das novas gerações, respeitando as diferenças individuais, estamos mantendo a sustentabilidade do planeta. Esse processo começa por nossas atitudes como pais educadores.

O grande segredo para uma relação afetiva duradoura

Em meus livros, gosto de refletir sobre algum conceito novo. Nesta obra, pretendo trazer uma questão que tem contribuído muito com os processos terapêuticos dos meus pacientes, tanto individualmente quanto no que diz respeito a casais e famílias.

DR versus IR: Discutir a Relação versus Investir na Relação

Quem não conhece o termo DR – discutir a relação? Ao longo dos últimos quarenta anos, atendendo casais e famílias, sempre ouvi relatos de relações desgastadas, de horas de conversas e brigas que não levam a lugar algum, bem como reclamações sobre a ineficácia das conversas com o parceiro. Isso vale não apenas para casais. É possível identificar esse modelo de comportamento em todos os tipos de relacionamento, entre pais e filhos, irmãos, amigos... No entanto, ele é muito mais forte na relação amorosa entre duas pessoas, sejam "ficantes" ou namorados, sejam recém-casados ou casais com filhos, sejam ainda relacionamentos heterossexuais ou homossexuais.

Discutir a relação, muitas vezes, é mais fácil que enfrentar a realidade, aceitar os próprios erros, colocar-se no lugar do outro e criar empatia. Quando o casal não consegue enxergar além das "picuinhas" do dia a dia, das coisas que incomodam no jeito do outro, ou de atitudes que parecem egoísmo do ponto de vista de um dos dois, a relação entra em uma espiral negativa, na qual a única emoção passa a ser a discussão e o desgaste cada vez maior.

A paixão, a admiração, a excitação e o amor dão lugar à tensão, às "caras e bocas" e ao cinismo. Em alguns casos, as frequentes brigas seguidas de conciliações trazem uma sensação viciante que pode ser comparada aos efeitos do uso de drogas, uma grande descarga de adrenalina, seguida por euforia e depressão, o que pede a repetição.

Outro modelo recorrente entre os casais tem como pilar o vitimismo – quando uma das pessoas se coloca em posição de oprimida e rebaixada. Normalmente, um dos parceiros faz uso de alguma situação atual da relação, pela qual também foi responsável, para colocar o outro na posição de culpado. Isso pode acontecer, por exemplo, em uma decisão conjunta sobre a vida profissional, quando um dos dois abre mão da carreira para que o casal possa ter filhos. É possível ainda ter ligação com uma traição, em que o traído buscou superar, mas não teve êxito.

Podemos ainda citar outros exemplos de desgaste no relacionamento: casais com problemas financeiros, em que um acusa o outro de gastar demais em compras na internet, ou em que um ganha mais que o outro e sente-se no direito de sempre recordar isso durante uma discussão. Pais casados ou separados brigam muito por conta da divergência na forma de pensar e agir sobre determinadas atitudes, e, dessa forma, a vida familiar vira um transtorno quase diário.

No decorrer do livro, você encontrará muitos exemplos que poderá relacionar com os comentários acima e com outros que possivelmente já tenha vivenciado ou percebido em relações próximas.

O desgaste da relação chega ao ponto em que o diálogo maduro não existe mais. As conversas não têm objetivo resolutivo, mas, sim, individualmente, busca-se provar um ponto de vista, uma certeza, um lado da moeda. Sempre um. Não sobra espaço para a empatia e para um desfecho saudável para o casal. Com isso, muitas vezes, chega-se à separação, que não é o objetivo desejado, e, se o casal é separado, à desavença eterna, que também não é nada bom.

Vamos, então, entender o que é o processo terapêutico de casal. A terapia de casal difere da individual, pois, além de tratar das relações individuais, usando-as como recurso do autoconhecimento, incorpora a mediação do impacto dessas emoções na relação. Uma terceira parte imparcial, o terapeuta, busca entender esses modelos, trabalhando essas questões tanto com o casal em conjunto quanto individualmente, de modo que o real problema venha à tona e possa ser enfrentado de forma madura.

Esse é um bom começo de investimento na relação. Não é o único, é claro. Mas há estágios em que uma intervenção profissional é fundamental para colocar a relação nos eixos e oferecer ferramentas ao casal. É um processo lindo, que muitas vezes chega a motivar uma festa de recasamento e uma segunda lua de mel.

Investir na relação significa ter mais sabedoria para levar adiante a amizade, a ternura, a alegria e a parceria.

Costumo dividir esse processo em três etapas: o passado, o presente e o futuro.

O passado

Quando um casal chega ao consultório, imediatamente sugiro tarefas que acalmem a relação. Convido, por exemplo, a recordarem os tempos bons do namoro, da fase da conquista, as viagens realizadas, os momentos de conquista e, também, os períodos difíceis em que houve apoio mútuo. Proponho remontar esses momentos-chave e que expressem as sensações e relembrem as características que tanto apreciavam um no outro. Lembranças não faltam, e os próprios pacientes apresentam algumas ideias, pois a fase da paixão deixa muitas marcas agradáveis no relacionamento.

O objetivo dessa primeira parte do trabalho é reforçar os aspectos positivos que cada um vê ou via no outro. É muito importante verbalizar esses aspectos, pois, em algum momento, eles chamaram a atenção do parceiro.

Percebo ser muito comum as pessoas terem dúvidas sobre o que os outros pensam delas, e isso jamais pode acontecer em uma relação próxima, como a de marido e mulher ou de pais e filhos, pois essas relações são um dos alicerces da autoestima.

O presente

Essa é fase em que ambos deverão enfrentar os problemas. É hora de identificar a matriz de identidade do relacionamento e entender o que desde o início está mal resolvido e, então, chegar ao ponto central da crise. Saber onde tudo começou, o que originou essa crise, por que, quais os desdobramentos e principais consequências para o momento atual na relação.

Apesar de voltarmos ao passado, o importante é entender os impactos nas dinâmicas do presente. Assim, começamos a trabalhar a comunicação, e os dois vão aprender a ouvir de forma profunda o que cada um tem a dizer. O terapeuta, nesse momento, dirige a sessão e, por vezes, atua com a autoridade de fazer um só ouvir enquanto o outro fala, e vice-versa.

A fase do presente é a mais longa e mais difícil, pois é nela que as feridas são reabertas com o objetivo de aplicar um novo remédio.

Muito importante nesse momento é não se prender a situações corriqueiras, quase banais. Sempre há um motivo maior no fundo da relação que precisa emergir. É bastante natural a tentativa de direcionar o foco para atitudes ou reações pouco relevantes, que no fundo são desdobramentos de algo maior.

Chega-se então a um ponto crítico do processo: a decisão de resolver o problema pela raiz. Quando a relação em questão diz respeito a um casal, é interessante e maravilhoso acompanhar a possibilidade do reencontro e da solução, que é o mais comum. Confesso que são bem raros os casos que chegam à separação, e isso acontece, principalmente, quando não existe mais amor.

Na terapia familiar, a opção por separação só existirá se a relação for tão nociva que o melhor e mais seguro seja o afastamento.

Quando a decisão é encontrar um caminho para a relação dar certo, partimos para a fase três.

O futuro

Essa é uma fase intensa, pois aí surgem os problemas do dia a dia, e o casal pode descobrir junto uma solução para cada coisa. Outro aspecto positivo é que os parceiros conseguem encontrar formas prazerosas de investir na relação. Afinal, um casal permanece junto para se divertir junto, pois todos precisam de companhia.

Vou citar alguns exemplos de atividades dadas como tarefas para que o casal reencontre o prazer e a felicidade na relação:

- Entretenimentos: sair para dançar e ouvir música, ir a um restaurante que traga boas lembranças, fazer um piquenique no parque, ir ao cinema, teatro ou mesmo a uma sessão de filmes e séries. (Sugestão: comprar o ingresso com antecedência para minimizar a chance de o programa falhar.)
- Exercícios: passear no parque, andar de bicicleta, fazer exercícios juntos, sair para uma corrida.
- Viagens: fazer uma viagem improvisada, planejar férias ou até um fim de semana fora, um bate-e-volta na praia ou no campo, isso sempre funciona.
- Receber bem o parceiro: na chegada do trabalho dirigir-lhe um belo sorriso e dizer coisas agradáveis como: "Fiquei com saudade", "Estava esperando

você", "Quero mostrar uma coisa legal para você...". Afinal, é muito desagradável chegar em casa e encontrar um clima pesado, com reclamações, semblante fechado.

- Silenciar: respeitar quando um dos parceiros precisa de um tempo a sós, também é uma forma de suavizar a relação. "Quando um não quer, dois não brigam" é um ditado muito válido.
- Planejar: o casal deve programar os finais de semana, principalmente se tiver filhos adolescentes, pois o improviso com eles não funciona. Conheço casais que não planejam os finais de semana e que terminam, por conta da preguiça, ficando em casa e fazendo sempre as mesmas coisas.
- Cozinhar juntos: planejar uma refeição diferente, mas lembrar de fazer uma lista dos ingredientes, pois sem eles fica difícil fazer acontecer, ou improvisar com o que se tem em casa – o importante é partilhar o momento.
- O sexo também é uma forma de lazer, relaxamento e IR, porém, não por si só. Há quem pense que fazer sexo é um prazer isolado, mas, se há muita DR, a libido fica comprometida. A libido é alimentada por atitudes e gestos, e cada membro do casal tem que saber o que estimula o outro. Uma conversa sobre sexo serve para o conhecimento mútuo e pode reacender a relação.

- Diálogo é um IR importante, pois dele surgem as negociações que trazem mais adaptação aos envolvidos, seja na relação amorosa, entre filhos, seja entre sócios ou qualquer outro relacionamento.

Saiba que INVESTIR NA RELAÇÃO ajuda na co--construção das almas gêmeas, já que ninguém nasce pronto. Na questão de família, é bom descobrir que se divertir com os filhos torna a relação de todos mais salutar.

Vamos em frente, sempre juntos, construindo passo a passo essa jornada.

PARTE 1
ELA E ELE

Amar e ser amado

Não há uma só pessoa que não queira ser amada. Isso é algo comum a todos os seres humanos: independentemente do gênero, da classe social, do país em que tenha nascido. Você também, certo? Senão, possivelmente não teria adquirido este livro. Talvez você já tenha encontrado alguém e esteja preocupado em construir um relacionamento sólido. Talvez, tenha vivido alguns relacionamentos amorosos complicados e esteja se perguntando quando encontrará um amor que perdure de forma saudável.

O que posso dizer é que sim. O amor é um tesouro, mas não daqueles que se encontra para, enfim, ter acesso fácil à felicidade eterna. Não quero que você desanime com a informação que darei a seguir. Afinal, sei que a vida exige esforços continuamente em vários âmbitos, a ponto de ficarmos com a impressão de que precisamos matar um leão por dia para viver. Talvez o leão seja até uma excelente metáfora para começarmos nossa conversa, pois o primeiro mito que temos de matar é o de que o amor é uma mágica que acontece na vida e que basta encontrar a pessoa "certa", para que todos os nossos problemas sejam resolvidos. Como final feliz de comédia romântica, não é?

Em mais de quarenta anos de experiência clínica atendendo a pacientes com questões de relacionamento, sejam casais, seja individualmente, cheguei à conclusão de que o amor maduro é uma construção contínua.

Um dos meus objetivos de viagens é conhecer a Espanha, mais precisamente ir a Barcelona, pois quero muito visitar a lindíssima igreja Sagrada Família. Ela começou a ser construída em 1822 e, até hoje, continua em obras. Isso me encanta, pois a comparo com a dinâmica da construção das famílias. Apesar de ter sido projetada pelas mãos hábeis do arquiteto Antoni Gaudí, os espanhóis continuam aperfeiçoando o trabalho, portanto, arrisco dizer que o amor é como a Sagrada Família: nasce com potência, mas precisa de cuidado para ser duradouro. É como a família, passa por inúmeras transformações que exigem adaptação, maleabilidade e respostas a uma série de questões sobre as quais eu e você conversaremos.

Sempre digo que existem três abordagens diferentes do amor: o amor romântico, em que você idealiza o outro e transfere para ele imagens de si, de pessoas que conheceu e todo o seu ideário sobre relacionamentos; o amor amadurecido, em que se consegue separar aquilo que é seu do que é do outro e, por fim, o amor de alma gêmea (raro, por sinal) que, apesar do nome, não está na esfera da idealização. Nesse caso, além de fazer a separação essencial – aquilo que é seu e aquilo que é do outro –, compreende-se e se aceita a pessoa como é, sem cobranças, para que ela atenda a todas as suas expectativas.

Sim, construir o amor – sobretudo o amadurecido e o de alma gêmea – exigirá empenho de sua parte, mas vou lhe dar uma boa notícia: ele é a melhor ferramenta para o autoconhecimento e a autoestima. Quando vivido de maneira sólida, coloca-nos em contato profundo conosco e com os outros. Mas, calma, estamos falando de amor e talvez você já esteja pensando em seu parceiro ou, se ele não existe, naquela pessoa especial que ainda virá. Que tal darmos um passinho para trás e olharmos para a primeira pessoa que você deve amar, antes mesmo de qualquer outra? Tem um espelho aí perto? Então, aproxime-se dele. Olhe profundamente nos olhos refletidos.

Essa pessoa refletida no espelho é uma mulher ou um homem cheio de expectativas e desejos. Há coisas de que gosta em si; outras, nem tanto. Algumas ainda das quais talvez nem tenha consciência e, nesse ponto, precisamos falar algo muito importante sobre o amor: ele não existe isoladamente. Como o buscará na vida e se relacionará tem a ver com as suas vivências afetivas anteriores, desde que você era um bebezinho. Amar e ser amado é colocar em jogo, de certa forma, nosso próprio passado. Se estiver disposto a se examinar e a mergulhar em si mesmo, terá a possibilidade incrível de se livrar de pesos que já não lhe servem e abrir caminho para viver o amor de forma genuína. Não é maravilhoso?

Vamos voltar um pouquinho ao debate anterior e refletir sobre por que o amor não pode acontecer como num passe de mágica. Tive uma paciente de trinta e um anos, a Marta Maria (evidentemente todos os exemplos que darei são nomes fictícios), cujos pais tinham sido bastante autoritários em seu jeito de educá-la. Ela chegou à vida adulta com dificuldade para tomar decisões sozinha e veio ao consultório com o marido, de trinta e cinco anos, para tentar recuperar o relacionamento.

Ela mal falava e, cada vez que o parceiro expunha suas demandas, ficava quieta, com o olhar perdido, e se fechava mais e mais. Comecei a refletir sobre a escolha amorosa daquela mulher, por que havia casado com um homem que a protegia de tudo, que tentava controlá-la, que a colocava em uma posição passiva e, muitas vezes, a deixava desconectada de seus propósitos. E ela se complementava com ele, já que permitia tal controle, afinal, toda neurose tem sua neurose complementar.

Sigmund Freud, o pai da Psicanálise, tem uma reflexão muito acurada sobre relacionamentos. Diz que, na cama de um casal, há sempre seis pessoas: o casal e os seus respectivos progenitores. Conto isso porque as escolhas amorosas carregam conexões profundas com os modelos parentais. Logo, não existe escolha amorosa que não seja contaminada, em alguma medida, pela memória, pelos afetos, pelos traumas e pelos alicerces que construíram, desde cedo, nossos valores sobre os relacionamentos. Mais à frente, voltaremos com profundidade às heranças afetivas legadas por nossos pais. Por enquanto, voltemos a pensar na minha paciente.

Muitos de nós tendemos a enxergar o amor sem a noção de quanto uma escolha pode carregar padrões ocultos de comportamento. Durante a paixão, tudo é festa, e quase não vemos o outro como ele é, de tão empolgados que ficamos com a aura e o magnetismo que envolvem o nosso parceiro. Essa é uma etapa importantíssima, em que se estabelece um elo emocional que dará impulso à continuidade do relacionamento. No entanto, é na fase da paixão que, de certa forma, as demandas de nosso inconsciente começam a se conectar com as do outro. O encontro, que parece, em um primeiro momento, pura mágica aleatória, é sustentado por um repositório de questões internas.

Minha paciente carregava dentro de si a crença de que, para receber amor, precisava sujeitar-se ao controle do parceiro. Havia amor entre ela e o marido, mas gostaria de fazer uma reflexão sobre um ponto essencial: o amor que tranca as pessoas em suas próprias dores, que impede o desenvolvimento pleno, é o amor com qual alguém sonha para a sua vida? Quando estamos engessados com padrões, traumas, dores, não temos liberdade para amar. Nosso amor é dado e recebido a partir de uma série de limitações e padrões emocionais. O caminho que proponho a você, neste livro, é começar a exercitar a capacidade de amar e ser amado, porque o amor sólido não é dado e sim conquistado.

Quando a paixão passa

Pense sobre os relacionamentos que já teve ou sobre o que está vivendo agora. Repare que, de repente, aquilo que adorava no parceiro é justamente algo que lhe incomoda hoje. Uma das coisas que mais ouço no consultório é a seguinte frase: "Ele ou ela não era assim no início do relacionamento". Bem, no princípio de uma relação, é comum que ambos idealizem seus parceiros. Depois, o "Ela era tão leve, despreocupada!" vira "Ela é uma relaxada"; "Ele era econômico" vira "Ele é um pão-duro", "Ele era carinhoso" passa para "Ele só pensa em sexo" e assim por diante.

Por que isso acontece? Primeiro, porque as expectativas mudam conforme o tempo passa. Segundo, porque a idealização inicial do parceiro dá lugar a um olhar menos encantado. Alguns casais têm dificuldade em aceitar esse choque comum de realidade. Eu, no entanto, acho ótimo quando essa fase chega. Significa que o parceiro começou a ser "desidealizado". Só quando isso acontece, é que há caminho para construir o amor maduro.

A idealização do parceiro tem a ver com o desejo profundo de que ele atenda a todos os nossos anseios, seja a "tampa da nossa panela", nossa cara-metade. No belíssimo texto *O mal-estar na civilização* (São Paulo, Penguin, 2011), Sigmund Freud preconiza que não há no mundo objeto ou pessoa que possa dar conta da nossa utopia de preenchimento. No meu entendimento, o amor só é possível quando se sai da esfera de buscar alguém que nos *preencha* para buscar e/ou construir uma história com alguém que nos *complemente*.

Você não é apenas metade de uma pessoa, certo? É uma pessoa inteira. Portanto, não faz sentido buscar uma "metade". Isso de buscar uma "metade", aliás, é uma tendência a terceirizar para o parceiro a responsabilidade sobre as próprias questões internas. Um dos objetivos deste livro é mostrar que você tem plena capacidade de desenvolver recursos emocionais para não fazer isso e, assim, construir um amor que agregue. O que proponho é trabalharmos pela soma e não pela falta.

É interessante pensar que nós também não conseguiríamos jamais cumprir todas as expectativas do outro. O que seria o amor, então, dentro da lógica da *complementação*? É um amor que entende e respeita o que o outro pode dar, sem insistir para que ele atenda o tempo inteiro às nossas necessidades. Para isso, é preciso compreender que necessidades são essas, se elas são saudáveis (e se é possível o parceiro atendê-las) ou se, na verdade, mascaram fragilidades psíquicas e/ou constroem defesas que nos colocam fora da estrada do autoconhecimento e do amor construtivo.

Vamos recordar o que eu disse na introdução, sobre DR e IR. Então, fazer uma terapia é um investimento individual que servirá, com certeza, para todas as relações.

Quando você começa a se olhar internamente, passa a tomar consciência de si e dos caminhos de suas escolhas amorosas. Diz o escritor italiano Cesare Pavese: "O amor tem a virtude não apenas de desnudar dois amantes em face do outro, mas também cada um deles diante de si próprio".

Não é um trabalho simples de fazer, portanto, não hesite em procurar ajuda profissional, se sente que seus relacionamentos nunca "dão certo" ou se está passando por uma fase difícil com o parceiro. Percebo que, no mundo hoje, tudo se acelerou, e as pessoas perderam um pouco da paciência com o tempo que uma relação exige para se consolidar.

"Não dar certo", aliás, também é uma falsa afirmação, pois cada relacionamento pelo qual você passa se transforma em uma oportunidade para reconhecer padrões que o impedem de ter uma vida mais feliz. Se, no entanto, já encontrou alguém e passa por um momento difícil, acalme-se. Fases boas e ruins fazem parte de qualquer história, apesar de raramente estarem presentes nos roteiros das séries e filmes de que tanto gostamos de assistir.

O amor e suas faces ao longo do tempo

Amar não é fácil, e não é à toa. O amor, inclusive, já esteve até fora de moda. Historicamente, vivenciar um romance era visto com ceticismo pela maior parte das pessoas. O casamento, por exemplo, acontecia muito mais através de acordos sociais e econômicos do que por amor. A perspectiva de viver um relacionamento erótico e sentimental só ganhou vulto após a Primeira Guerra Mundial.

Ainda assim, durante muito tempo, a representação ocidental de relacionamento bem-sucedido foi composta por uma imagem bastante rígida: o homem era provedor e a mulher ficava em casa, em um jogo no qual se contrabalanceava o sustento masculino e o auxílio emocional e o papel agregador na família por parte da mulher, inclusive na função de educadora dos filhos.

Veja bem, o contrato era diferente antigamente e, por contrato, não quero dizer o papel que você assina na hora de se casar, mas sim os acordos implícitos que todo relacionamento carrega. Com o processo de emancipação feminina, o advento da pílula (que trouxe mais liberdade sexual), as discussões das pautas feministas e, mais atualmente, o debate sobre a nova masculinidade, esses acordos foram revistos em uma velocidade impressionante.

Se, antigamente, os papéis eram mais coercitivos, hoje, eles estão sendo revistos e reconstruídos continuamente, de forma que falar de relacionamento nos dias atuais é uma tarefa e tanto. Há muito mais questões para negociar, sobretudo as relacionadas às demandas emocionais internas de cada um. Atualmente, é preciso a mediação entre dois universos afetivos, não basta mais que apenas questões econômicas e sociais estejam alinhadas.

Lembro-me até hoje de uma situação que aconteceu comigo quando eu tinha vinte anos. Naquela época, não era tão comum ver mulheres na universidade e nossos papéis, além de engessados, eram bastante reprimidos. Eu estava com amigos em um bar e dois rapazes sentaram-se à nossa mesa. Comecei a conversar com um deles e tudo ia muito bem, até eu contar que estava cursando Psicologia. Ele simplesmente se levantou da mesa e foi embora. Drástico, não? Hoje parece, mas naquela época era a coisa mais comum um homem achar que mulher "direita" não deveria estudar além da conta, ou sei lá, que uma psicóloga o conheceria mais do que ele, como homem, aceitaria. Chega a ser engraçado.

Por causa de todo esse movimento de readequação dos papéis femininos e masculinos, percebo também uma espécie de distorção. Algumas mulheres tomam como subserviência um simples gesto de carinho como levar um café da manhã para o parceiro na cama, por exemplo. A diferença clara entre as duas coisas é que a mulher não tem obrigação de levar o café, não faz mais parte de seu papel se responsabilizar pela alimentação do homem, mas isso é diferente de se proibir qualquer gesto de amabilidade de ambas as partes.

Alguns homens também têm se tornado craques em fingir que corroboram o discurso feminista. São aqueles que sabem discutir com categoria, entre amigos, a questão da divisão das tarefas, do pareamento de salário, mas que, dentro de casa, não transformam o discurso em ação. Tenho ouvido bastante esse tipo de queixa de mulheres mais jovens, entre vinte e trinta e poucos anos. Alguns homens mudaram só no discurso, mas, apesar de os contextos estarem se transformando muito rapidamente, ainda leva tempo para algumas conquistas sedimentarem. E também ainda ouço mulheres que acham que o homem é quem paga a conta. Falaremos também desses temas ao longo do livro.

Nesta obra, além dos relacionamentos, falaremos sobre educação, pois os filhos (sejam do casal ou de relacionamentos anteriores) modificam completamente a dinâmica iniciada a dois. No entanto, antes de abordarmos as relações familiares, quando existem bebês, crianças e adolescentes, precisamos olhar primeiro para o casal, pois a forma como criam seus filhos nada mais é do que um espelho da negociação entre esse casal e seus mundos internos. Também atendo crianças e adolescentes em meu consultório e, acredite se quiser, as raízes de suas questões estão sempre presentes nas dinâmicas com o pai e mãe e entre o casal.

A vida, nesse sentido, é bem previsível: toda vez que um homem ou uma mulher não olham para si (nem para o parceiro) e estabelecem relacionamentos pouco saudáveis, isso traz consequências ruins para seus filhos. Tanto a maternidade quanto a paternidade são oportunidades únicas para a construção de papéis fortes e reforço de vínculo entre a família, mas, muitas vezes, o que vemos é uma grande repetição de padrões de comportamento do passado. Para desarmar essa bomba, vamos falar das principais queixas e questões que os pacientes trazem ao meu consultório e refletir um pouco sobre suas raízes. A primeira delas é, muitas vezes, confundida com o amor. Sim, estou falando do velho companheiro de muita gente: o ciúme.

Mas eu me mordo de ciúme

Tatiane é uma mulher bem-sucedida, assim como seu marido. Estavam casados há oito anos, quando chegaram ao meu consultório, prestes a se separarem. A maior queixa de Tatiane era o ciúme dele. Ela praticamente não saía mais com as amigas porque ele ligava o tempo inteiro e ficava de mau humor quando ela voltava para casa. Para fazer as vontades do marido, Tatiane foi, aos poucos, reduzindo sua vida ao relacionamento a dois. O marido passou a reclamar de que ela andava apática, bem diferente da mulher cheia de vida que conheceu quando começaram a namorar.

Bem, a primeira coisa que precisamos trabalhar – e, por favor, leve isso como parâmetro para os seus relacionamentos – é o diálogo aberto e sem agressividade. Nas brigas de casais, é muito comum que um acuse o outro de forma indelicada. O outro, então, quando recebe a crítica, naturalmente se fecha e fica instalado um palco em que o importante é ter razão. Você já ouviu aquela frase: "Você quer ter razão ou ser feliz?". Como terapeuta de casais há quatro décadas, posso dizer que todo mundo tem uma razão – seja ela boa ou ruim – para expressar determinado comportamento. A felicidade exige, sim, que a gente abra mão de querer estar certo o tempo inteiro.

Isso não é justificativa para alguém maltratar o outro, claro, mas nenhum comportamento – seja ele bom ou ruim – aparece do nada. É preciso saber como ele surgiu e se desenvolveu. E, quando se trata de atitudes entre um casal, antes mesmo de investigar, é necessário aprender a falar e também a ouvir. Sem pedras na mão. Sem achar que o outro está contra você. Eu sei, é difícil à beça, mas, se experimentar, suas relações ficarão muito mais construtivas, tenha certeza disso. Lembra-se do IR, no início do livro? Então, diálogo é saber ouvir até o fim o que o outro tem a dizer, e, então, poder falar até o fim o que quer expor.

Vamos lá. Em vez de começar uma conversa acusando, que tal perguntar por que se tomou determinada atitude? Em vez de dizer que o outro é isso ou aquilo, que tal falar sobre como se sentiu em determinada situação? Quando começamos uma conversa falando o que estamos sentindo, isso gera, automaticamente, mais empatia no interlocutor.

No início, foi complicado com Tatiane e Carlos. Precisei estabelecer a regra de que um não deveria interromper o outro, pois logo de início pude apontar ao casal um problema sério de comunicação: ninguém sabia ouvir. Conforme eles foram praticando a escuta profunda, ficou cada vez mais tranquilo deixar o outro falar e esperar a sua vez. Carlos falou que os pais haviam se separado durante a sua adolescência e percebi que ali havia um registro de rejeição (por parte da mãe) e um medo muito grande da perda, que acabou contaminando todos os seus relacionamentos adultos. Ele morria de medo de perder a Tatiane, e o único recurso que acreditava dispor era controlar tudo o que ela fazia para que não houvesse possibilidade de ela conhecer alguém e o abandonar. Na verdade, Carlos confundia amor com medo de perda.

Bem, se você é um ciumento de plantão e utiliza o mesmo recurso que o Carlos, devo dizer que já ouvi casos de pessoas que se apaixonaram ao se encontrarem no elevador, então, isso não adianta nada. A não ser que você resolva trancar o seu parceiro dentro de casa – por favor, não faça isso! –, existe o risco, sim, de que o outro possa se apaixonar e ir embora.

O que faz alguém ficar em um relacionamento não são as restrições que você impõe para evitar o pior, mas o equilíbrio de uma balança em que o outro sente que está em uma relação que vale a pena. Leia de novo a frase que utilizei: o equilíbrio de uma balança em que o outro sente que vale a pena. Mais à frente, veremos casos em que, muitas vezes, as pessoas se colocam em relações abusivas e destrutivas por não terem construído a autoestima.

Amor-próprio era o que faltava a Carlos. Lá no fundo, ele não se acreditava suficientemente interessante e não confiava que Tatiane pudesse cumprir o compromisso monogâmico que eles haviam estabelecido. Além de fazer cenas de ciúme, muitas vezes públicas, Carlos tentava devassar o passado dela. Fazia perguntas invasivas sobre seus relacionamentos anteriores e ficava magoado, se ela respondia com sinceridade. Tanto ele quanto ela estavam estabelecendo um péssimo caminho: ele, o do controle e da falta de confiança; ela, o da anulação de si mesma e da falta de limites, expondo intimidades passadas que só pertenciam a ela.

Nunca se pode colocar a culpa da falência de um relacionamento em só uma das partes. Sei que isso, às vezes, é irresistível, porque simplifica muito as coisas. No entanto, quando uma relação segue por um caminho ruim, os dois contribuíram, pois todo relacionamento funciona de forma sistêmica, tudo sempre tem dois lados que se complementam. Assumir isso é um dos primeiros passos para que o relacionamento possa, se for o caso, ser recuperado.

Quando Carlos se relacionava com Tatiane, era o fantasma da mãe que ele tinha em mente, transferindo toda emoção mal resolvida com a mãe para a esposa. O contato com aquela antiga sensação de falta de proteção, medo e insegurança, o fazia agir a partir de um lugar infantil dentro de si, então ele utilizava os recursos que tinha: ligar para Tatiane inúmeras vezes, quando ela saía, ou fechar a cara quando ela voltava – bem parecido com uma criança que bate o pé, não é mesmo?

Com o avanço da terapia, Carlos percebeu que, para trabalhar essa sensação, precisava alimentar sua autoconfiança e autoestima e começar a deixar o adulto e a maturidade agirem dentro de si, em vez de a criança que apenas reagia.

Curar as feridas da infância e da adolescência, fortalecendo o lado adulto, é, muitas vezes, um processo que demanda tempo e adaptações. E que exige apoio e adaptações do parceiro também.

No início do trabalho com esse casal, fiz uma dinâmica que gostaria que você experimentasse agora. Pegue um papel ou abra um aplicativo de notas no celular. Quero que responda às seguintes questões:

- Do que você gosta e não faz?
- Do que você gosta e faz?
- Do que você não gosta e faz?
- Do que você não gosta e não faz?

Essas respostas podem ajudar muito a entender algumas questões bastante importantes. Veja:

- Do que você gosta e não faz? – pode revelar as coisas das quais abre mão quando está em um relacionamento.
- Do que você gosta e faz? – o que consegue manter.
- Do que você não gosta e faz? – quais são os pontos em que cede.
- O que você não gosta e não faz? – quais são os limites que estabelece dentro do relacionamento.

Quando fizemos essa dinâmica, Tatiane e Carlos entenderam que o relacionamento estava exigindo muito sacrifício pessoal de ambos. Enquanto ela adorava sair com as amigas e abria mão disso, ele se sentia compelido, por exemplo, a almoçar todo sábado e domingo na casa dos sogros, desrespeitando sua vontade de aproveitar mais horas do final de semana para descansar. É claro que, em um relacionamento, ambos acabam abrindo mão um pouco de suas vidas individuais. Mas "um pouco" é uma coisa. Quando o marido e a esposa, o noivo e a noiva ou o namorado e a namorada vivem um para o outro, em simbiose, é bem difícil que, com o tempo, a relação não se desgaste.

É legal a gente pensar que, para sermos saudáveis, todos nós precisamos alimentar três eixos em nossas vidas: o individual (nosso tempo a sós), o social (o tempo com a família, amigos e filhos) e o da intimidade (o tempo com o parceiro). Ter tempo para si, fazer um curso de que goste, ou mesmo para coisas frugais como ir a um salão de beleza, passear, ir à academia, faz com que a vida fique mais leve. Assim como jogar bola com os amigos ou encontrar as amigas de que tanto gosta. Quando o casal consegue construir espaços bem definidos para o autodesenvolvimento, o que acontece é que, quando estão juntos, a experiência fica muito mais prazerosa. Ah, um último ponto: intimidade não se refere só a sexo, ok? Estou falando aqui dos momentos que o casal faz programas a dois – um jantar, um cinema, um passeio, uma conversa, planos de vida, e lógico também o carinho com ou sem sexo.

Carlos acabava deixando os amigos de lado – preferia fazer isso à ideia de dar o mesmo direito à Tatiane. A partir da tarefa, ele pôde recuperar atividades às quais não se dedicava há muito tempo e, com isso, fortaleceu outros papéis. Resultado: como tinha mais coisas para fazer e satisfação também fora do relacionamento, o espaço para os pensamentos causados pelo ciúme obsessivo foram diminuindo gradualmente. Tatiane voltou a sair com as amigas e, diante da postura mais aberta de Carlos, passou a sentir vontade de se arrumar, de fazer outros programas, como no início do relacionamento. Isso, aliás, é fundamental para manter a relação viva.

Claro que todo processo terapêutico tem idas e vindas. Quando a pessoa possui um comportamento muito arraigado, ela entra em uma espécie de "abstinência", ao deixar de praticá-lo sempre. O mesmo acontece com os pensamentos obsessivos. Além dos fatores psicológicos que fazem parte da história de cada um e que explicam por que algumas pessoas são mais ciumentas, há também uma explicação química. Segundo a neurociência, os pensamentos obsessivos geram uma descarga de adrenalina no cérebro e, sem saber, o ciumento tende a alimentar cada vez mais esses pensamentos.

Muitas vezes, o ciúme se parece, inclusive, com uma droga. Não que eu queira tirar a responsabilidade dos ciumentos – minha intenção não é passar a mão na cabeça de ninguém –, mas alguns pensamentos, quando surgem, são tão fortes que sequestram toda a racionalidade da pessoa. Geralmente, esse "sequestro" indica que há um conteúdo psíquico inconsciente a ser trabalhado, o qual vem à superfície de maneira desesperada e caótica.

Existem também casos em que o parceiro usa o ciúme como arma para se valorizar aos olhos do companheiro. São mulheres que mandam flores para si mesmas, ou homens que fazem questão de comentar que "fulana de tal" deu em cima dele, por exemplo. Cuidado, que o tiro pode sair pela culatra. Construir um relacionamento baseado em jogos de poder, em que um dos parceiros se sente ameaçado o tempo inteiro, parece um relacionamento saudável? Que tal refletir sobre o que leva alguém a fazer isso? Esse tipo de relacionamento não parece muito benéfico, pois o outro se sente intimidado, fazendo confusão entre amor e medo de perda.

Claro que é normal sentir ciúme, esse é um sentimento inerente ao ser humano, e seria uma utopia achar que poderíamos passar, a vida inteira, sem vivenciá-lo. Acontece que a manifestação de ciúme de vez em quando – sem que cause marcas no casal, ou seja, sintoma de alguma questão particular mais enraizada – é diferente de quando ele se torna constante, a ponto de interferir e, às vezes, se tornar um dos pontos centrais na relação. Então, vamos ilustrar a situação para que fique bem clara a diferença.

João e Maria vão a uma festa. João observa Soraia. Maria percebe e fica chateada, mas ela não faz disso uma tempestade em copo d'água, porque tem um relacionamento saudável e de confiança com João. Ela entende que, João ter olhado para Soraia, não significa que vá traí-la ou que ele não seja confiável. Ela não sente o relacionamento ameaçado com o fato. Este é um caso de ciúme natural, que não se transforma em um problema, apenas algo normal.

Agora, vamos acompanhar o casal que chegou ao meu consultório, Lisiane e Rogério. Não era um ciúme ocasional e inofensivo o que Lisiane sentia. Também não era um ciúme que vinha sozinho, espontâneo. Sim, ele vinha às vezes espontaneamente, mas, muitas vezes, ela o alimentava, até mesmo criando em sua cabeça histórias que não existiam. Durante a terapia de casal, Lisiane revelou uma delas: havia vasculhado os e-mails de Rogério e achado uma mensagem entre ele e uma mulher. Ao se despedir, no e-mail, ele escreveu: "Foi um prazer conhecê-la, Célia".

Quando saiu do banho (Lisiane aproveitou esse momento para vasculhar o computador dele), Rogério se deparou com a esposa chorando e o acusando de traição. O marido, no desespero, marcou um almoço em que Célia estivesse presente, para que a esposa visse que a acusação não fazia o menor sentido. O "foi um prazer conhecê-la" era apenas uma resposta cordial após uma reunião de trabalho. Lisiane percebeu que exagerou.

Rogério, ao marcar o almoço, abriu um precedente para se justificar, como se fosse culpado. Ele disse que precisou inventar uma desculpa inverídica, relativa a trabalho, para que Célia fosse ao almoço. Lisiane apareceu no restaurante como se fosse uma coincidência, e ele relatou que se sentiu muito ridículo ao fazer parte no teatro. O ciúme de sua esposa o estava prejudicando profissionalmente. Faltava maturidade a ela e, a ele, impor limites para não se prestar a esse papel. Ou seja, os dois eram extremamente imaturos.

O ciúme de Lisiane revelou um prazer secreto que ela sentia ao controlar a vida de Rogério. Em outra situação, ao vasculhar o celular dele, Rogério perdeu a paciência e começou uma discussão. Ela disse: "Isso é culpa sua, por não chegar em casa no horário combinado!". Sim, isso acontece. É muito comum o ciumento inverter a situação e culpar o parceiro. O prazer secreto que ela sentia ao controlá-lo era também muito carregado de sofrimento interno.

Algumas vezes, a vítima do ciúme "cai como um patinho" nessas manipulações e inversões. Certa vez, ouvi de uma paciente que o namorado havia dito que ela provocava os homens, por usar decote, e que o ciúme dele era uma prova de amor, do qual não era merecedora. Ela acreditava de fato no que ele falava. A frase que eu mais ouvia dela era: "Mas ele me ama tanto!". Bem, sinto informar, a quem usa essa justificativa para aguentar os acessos do outro: ciúme, definitivamente, não é prova de amor, porque ele pouco tem a ver com o objeto do ciúme – na maior parte das vezes, o ciúme excessivo é a expressão de um desequilíbrio interno.

É preciso que, quem sofre com o ciúme alheio, também faça um exame interno dos próprios comportamentos, pois, muitas vezes, inconscientemente, pode-se passar sinais ambíguos para o companheiro. Sabe aquele homem que nunca apresenta as amigas à parceira, que cultiva relações ambíguas com a ex-namorada? O mesmo vale para a mulher também, viu? Devemos lembrar que a confiança não acontece em um passe de mágica nem se pode exigir que o outro confie em nós plenamente, se não fazemos jus a isso com nossas ações.

A confiança, vale frisar, é fruto de dois movimentos: o interno, que tem a ver com a relação que cada membro do casal estabelece consigo mesmo, e também o externo, em que contam as ações diárias e acumuladas que fazem ver na prática que o companheiro é confiável.

Relacionamento abusivo: como reconhecê-lo

Geralmente, o ciúme e a tentativa de controlar o outro estão muito presentes nos chamados "relacionamentos abusivos". Às vezes, de forma escancarada e, outras, de modo sutil. Uma vez atendi a um casal jovem, ambos com menos de trinta anos. Depois que o bebê deles completou dois anos de idade, a mulher quis colocá-lo em uma creche para voltar a trabalhar. O marido, manipulando a esposa, perguntou: "Mas o bebê vai sentir tanto a sua falta... Você tem certeza?". E a esposa disse: "Eu quero voltar a trabalhar e ele será bem-cuidado na escolinha". Ele, então não aguentando, abriu o jogo: "Eu não quero que você trabalhe fora e pronto! Acabou".

O que parecia uma atitude carinhosa e protetora com a família acabou se revelando, em nossas sessões, uma postura manipuladora. Ele usava a doçura para descartar todos os planos dela que não tivessem a ver com ele ou a família. Chegaram ao consultório porque a esposa estava com depressão e, então, indiquei a necessidade de terapia de casal. Foi um trabalho bastante intenso ajudá-los a tomar consciência de suas ações – tanto ele, que não reconhecia em si tais atitudes, quanto ela, que não percebia seu papel de submissão, naquela dinâmica, durante muito tempo. Família, vale lembrar, é um sistema e, como todo sistema, tem sua dinâmica sustentada por todos os participantes. Na verdade, toda neurose tem sua neurose complementar e um se liga ao outro do jeito como consegue e aguenta.

Portanto, se você vive, viveu ou tem medo de se envolver em um relacionamento abusivo, saiba que é fundamental tomar consciência de como se estruturam relações assim. Apresento aqui alguns pontos para você identificar esse tipo de relação (não é preciso dar um *check* em *todas* as características para que seja configurado um relacionamento abusivo, ok? Às vezes, uma delas já é o suficiente). Vamos a um pequeno questionário que pode muito bem ajudar nessa identificação:

- Você se sente vigiado?
- Você se sente culpado, mesmo sem ter feito algo de errado?
- Você deixa de fazer algo de que sempre gostou para não sofrer represália?
- Você se afastou da família e de amigos?
- Você é diminuído em relação à sua aparência e até em relação às suas habilidades profissionais e sociais?
- Você se sente culpado por todos os problemas do casal?

- Você se sente ou se deixa manipular?
- Você se sente extorquido financeiramente?
- O parceiro tem atitudes que ferem você emocionalmente e diz que fez por amor?
- O parceiro costuma gritar, agredir verbalmente ou chorar ao final das brigas para que você o acolha?
- O parceiro já partiu para violência física ou deu mostras de ser capaz disso?

Geralmente, no relacionamento abusivo, existem atitudes complementares – de um lado um sádico e do outro um masoquista – às vezes, em ambos os parceiros. Por favor, não estou culpando a vítima, dizendo que ela *escolhe* sofrer. Estou apenas chamando a atenção para o fato de que, em alguns casos, o inconsciente faz com que algumas pessoas se coloquem em situações de sofrimento, sem sequer se darem conta disso. Para desfazer esse emaranhado, muitas vezes é necessária a ajuda profissional, mas há um limite para continuar no relacionamento com ou sem essa ajuda. Quando a vida de alguém está em risco, o melhor a fazer é se afastar – por mais difícil que seja.

Espero que fique claro que essa relação abusiva pode provir de ambos os lados.

Cobranças:
um dos grandes vilões de um relacionamento

Essa é uma presença quase garantida no consultório: eu, o casal e a cobrança. Às vezes, nos relatos, surgem outras coisas antes, mas é só questão de tempo. Em algum momento, um dos companheiros fala: "Ele ou ela me cobra demais!". Por que será que isso acontece? Por que, no início, quando viviam na esfera da paixão, a cobrança sequer era notada? Simples: conforme o relacionamento evolui, entram em jogo não só as expectativas de ambos, mas a cobrança para que cumpram tanto essas expectativas quanto os planos que foram estabelecidos conjuntamente pelo casal.

Quando a cobrança é algo considerado natural e quando ela passa do ponto?

Existem casais cuja cobrança de um ou de outro não chega a prejudicar o relacionamento. Em terapia individual, por exemplo, Gilson me dizia que adorava sua relação com Raíssa: "Ela é tão cuidadosa! Sempre me lembra de que preciso economizar para a gente comprar nosso sítio". Bem, não sei se Raíssa se irritava com o fato de se responsabilizar por avisá-lo todo mês. Ele nunca expôs qualquer desentendimento entre eles com respeito a isso nas sessões. Mas, sim, o casal divide as tarefas conforme a personalidade de cada um, e algumas pessoas não se importam de serem lembradas, cobradas ou mesmo guiadas pelo parceiro para atingir determinados objetivos.

Na maioria dos casos, entretanto, a cobrança pode virar um problemão. Selma e Leandro, por exemplo, queriam comprar uma casa. Ela precisava cobrá-lo todo mês, perguntar a ele se havia guardado a quantia que se tinha disposto a economizar, ou seja, além de fazer a sua parte, administrar a do marido. "Ele não se esforça tanto quanto eu", ela dizia. "Ela me cobra demais, e perco até a vontade de continuar no propósito de comprar uma casa", ele respondia.

Bem, existem duas questões perigosas em relação à cobrança. Primeiro: ela tira a autorresponsabilidade e a autonomia do outro. Segundo: ela pode esconder uma postura controladora de quem cobra, pois já vi inúmeros casos em que, por exemplo, um dos membros do casal aceitou comprar uma casa apenas por insistência do outro, sem tanta vontade própria. Muitas vezes, aquele que quer comprar a casa cobra tanto um posicionamento do parceiro que ele simplesmente aceita para se ver livre dessa cobrança. E aí vêm as exigências subsequentes.

Pense comigo: se o projeto é dos dois, se é algo importante para o casal, e não apenas para um ou para o outro, por que haveria a necessidade de tanta cobrança? Vale se perguntar por que a situação é recorrente – alguém que cobra demais e outro que não parece muito engajado. Pode ser que haja um desequilíbrio ou uma incompatibilidade de desejo e propósito entre ambos e, assim, aquele que sofre a cobrança pode temer falar que simplesmente não está mais a fim de levar adiante um plano já firmado. Pode significar também uma falta de confiança, por parte de quem cobra, em relação à capacidade do outro de fazer algo sem que tenha de ser pressionado a isso.

De qualquer forma, independentemente da situação, expectativas precisarão ser ajustadas, inclusive porque a cobrança não acontece apenas em relação à vida prática, a projetos em comum. Na maior parte dos casos, tal cobrança refere-se a características do parceiro. "Ela precisa arrumar tempo para mim", "Ele precisa ser menos turrão" etc. É um problema expor as suas questões? Não. Mas, de que forma, dentro de que dinâmica elas são apresentadas? Percebo que há três tipos de casais: eu e ele (em que cada um leva a sua vida de forma independente, sem cumplicidade), eu *versus* ele (um contra o outro) e eu com ele (em que há parceria e cumplicidade).

Em "eu e ele" não costuma haver muita cobrança, às vezes ela nem existe. Parece maravilhoso, não é? Depende. Quando essa estrutura é saudável, todos estão bem e de acordo, tudo bem. Mas já vi casos em que a inexistência de planos em comum, com vidas muito centradas no individual, fizesse com que o relacionamento simplesmente perdesse o sentido. Já em "eu *versus* ele", as exigências aparecem de maneira muito nítida. Se o outro não faz o que o parceiro espera, imediatamente quem cobra sente-se atacado e quem é cobrado, por sua vez, sente-se acuado.

Para chegar ao belo estágio do "eu com ele", é necessário entender que a cobrança afasta tanto quem demanda quanto quem é cobrado. O relacionamento vai se esvaziando, com um sentindo que faz demais pelo casal, e o outro se sentindo sempre em dívida. Que tal rever todos os tópicos de cobrança do seu relacionamento? Adianta exigir, se o outro nunca se comprometeu? Para quem é cobrado: adianta se comprometer, se não pretende cumprir o que foi firmado?

É preciso lembrar-se também que relacionamento é movimento. O fato de ter se comprometido com algo em determinado momento não significa que o acordo não possa ser reajustado para maior conforto de ambas as partes. Aqui podemos lembrar de IR (Investir na Relação), ou seja, através de uma boa conversa pode-se chegar a novos combinados da relação. Do contrário, não seria uma relação, mas uma prisão ou um sistema de cativeiro, certo?

Estabelecidos os compromissos com os quais os dois estão engajados, aí, sim, temos uma lista realista e um caminho a seguir. Ainda assim, é essencial que o outro conduza as próprias ações a seu tempo, pois querer que ele aja exatamente da mesma forma e com a mesma velocidade que a nossa não é se relacionar, mas exigir que o parceiro reprima sua própria identidade. "Ele (ou ela) é muito devagar", ouço demais esse comentário. Pergunto: "Em relação a quem?". Ora, a resposta deixa muito claro.

"Mariangela, então não posso cobrar nada do meu parceiro?" Não é isso. Não existe relacionamento sem expectativas, nem seria saudável uma relação em que não se possa questionar o outro sobre como ele agirá e para quê – é preciso uma adaptação às características pessoais um do outro para que a vida amorosa flua melhor. Uma coisa é certa, cobranças costumam ser muito chatas, então, é melhor desenvolver diálogo com uma escuta profunda do outro. Para viver junto, é preciso maturidade e solidariedade.

Por fim, vale olhar também para si mesmo. Lembro-me do caso de Maria e Vinícius, em que ele cobrava que ela fosse mais determinada no trabalho. Quase todo dia, perguntava-lhe o que tinha feito e quando pediria uma promoção para a chefe. Em nossas sessões, ficou patente que Vinícius estava profundamente infeliz com sua vida profissional, sentindo-se em um beco sem saída. Cobrar Maria a ter mais determinação era uma forma de ele se distrair do fato de que precisava desenvolver em si essa característica. Na verdade, estava projetando seus anseios na esposa, na tentativa de lidar com a questão de forma distanciada e na defensiva. Foi muito interessante conversar sobre o tema e decodificar ao casal o que causava tanta DR. Com isso, desenvolveram a IR do diálogo franco e ético, encontrando, assim, uma solução.

Como recuperar o que parece impossível

Sempre pergunto aos casais que chegam ao consultório, como eles se conheceram. Com isso, relembram e reforçam os bons momentos e recuperam as emoções da época da paixão. Quando há muitas brigas, é preciso equilibrar essa balança com positividade. Ah, e não apenas relembrar as coisas boas do passado, mas recuperar, no presente, tudo que existe de positivo.

Com a correria do dia a dia, há casais que nunca têm tempo um para o outro. Sobretudo os que têm filhos, pouco conseguem namorar e dar prioridade para um momento a sós. No entanto, lembro-me muito dos meus pais, Percival e Elza, que ficaram casados por cinquenta anos e, mesmo com três filhas, não pararam de namorar. Mesmo quando éramos crianças, eles nos deixavam com a Amélia (nossa secretária do lar) e toda sexta-feira iam dançar ou ao cinema – investiam na relação amorosa toda semana, com entretenimento. Meu pai adorava dançar e minha mãe resolveu fazer dança de salão para acompanhá-lo. Foram cinquenta anos dançando juntos. A intimidade e a cumplicidade precisam ser alimentadas para que a relação amorosa se torne duradoura.

É o sonho de muitas das pessoas que atendo: encontrar alguém com quem possa dividir a vida, formar uma família e se desenvolver como ser humano. Para isso ser possível, no entanto, existem muitas variáveis. A primeira delas é saber de si e ter um bom relacionamento consigo mesmo. Portanto, voltemos à autoestima, mas, desta vez, para esmiuçarmos um pouquinho mais as bases de sua construção. Primeiro, devo ressaltar que autoestima tem várias nuances.

As bases para um relacionamento melhor

Autoestima elevada e estável

Pessoas que estão nesse grupo costumam ter relacionamentos mais tranquilos e construtivos. As discussões, quando ocorrem, costumam ser mais amenas, porque, com a autoestima elevada e estável, a pessoa não "veste a carapuça" do que o outro fala e também costuma ter uma atitude mais amorosa, paciente e delicada ao abordar temas sensíveis. Quem é provido de uma autoestima bem trabalhada, não tem necessidade de aprovação e sente humildade em relação ao outro.

Autoestima elevada e instável

Nesses casos, surgem discussões específicas e o ciúme se revela pontualmente, em uma constância que não é suficiente para desestabilizar e/ou desgastar a relação. Se você veio em busca deste livro, é possível que se reconheça (ou reconheça seu parceiro) em dois outros tipos de autoestima: a autoestima baixa e instável (nesse caso, a pessoa reage negativamente com mais frequência, inclusive quando as coisas vão bem, porque não consegue confiar no relacionamento e costuma buscar problemas) e a autoestima baixa e estável (aqui, a pessoa sempre reage negativamente e dificilmente consegue construir uma relação amorosa saudável e duradoura).

A boa notícia é que, mesmo que você se enquadre em um dos dois últimos casos, é possível trabalhar e se autodesenvolver. Pela minha experiência, a construção da autoestima passa por cinco pilares: autoconsciência, autoaceitação, afirmação de valores, autorresponsabilidade e integridade. Vamos à explicação dos conceitos para você colocar mãos à obra.

Aliás, se estiver em algum relacionamento, que tal convidar essa pessoa para ler o livro também? Só não vale usar os conceitos para um apontar os defeitos do outro e brigarem. A ideia é vocês refletirem, cada um internamente, e só depois (quando sentirem que já desenvolveram a escuta atenta e a fala carinhosa) conversarem a respeito. Se quiserem experimentar essa conversa, sugiro que peguem uma almofada. Quem estiver com ela tem a palavra, e o outro só deve pronunciar-se (a respeito de si, sobre as mesmas questões) quando o parceiro terminar e passar a almofada. Uma boa regra, se o casal tem brigado muito, é que um nunca aponte o dedo para outro (ao menos nesse momento) e que se concentre em suas próprias experiências.

Autoconsciência

Bem, a *autoconsciência* é um caminho longo, que dura toda uma vida, pois aborda uma das questões mais fundamentais do ser humano: quem sou eu? É uma pergunta difícil de responder, sobretudo porque não somos seres estáticos. Algumas características, entretanto, acabam nos acompanhando por toda a vida, as boas ou as ruins, e precisamos nos dar conta delas tanto para nos aceitarmos quanto para mudarmos aquilo que é necessário em prol de nossa evolução.

Você conhece seus pontos fortes e suas fragilidades? Tem certeza de que eles são, de fato, pontos fortes e fragilidades? Quais as consequências deles em seus relacionamentos? Vou dar só um exemplo para você entender como a nossa mente, às vezes, pode ser traiçoeira quando nos propomos a uma autoanálise.

Atendi a um casal que estava junto havia dez anos. Fábio tinha passado pela separação dos pais aos cinco anos de idade, conviveu com o alcoolismo do pai, a displicência da mãe e ainda passou por vários processos de luto com a morte de pessoas próximas. Apesar de tudo isso, era um homem muito bem resolvido profissionalmente e seguro de suas habilidades intelectuais. Sua história de vida fez com que desenvolvesse uma alta capacidade de resiliência, adaptação e superação de dificuldades.

Uma vez ele me disse no consultório: "Depois de tudo que vivi, ninguém mais pode me derrubar". Olhando por esse lado, poderíamos dizer que a dor o tornou uma pessoa resiliente, forte e determinada.

Bem, nada é tão simples assim. Fábio estava no consultório porque acabou desenvolvendo uma couraça emocional que o impedia de abrir o coração e se relacionar sem defesas psíquicas com a esposa, Luciana. Bem, lá no fundo, ele ainda acreditava que era questão de tempo até alguém tentar "derrubá-lo de novo". Então, a tal da couraça era ponto forte ou fragilidade? Os dois. Ele havia precisado construí-la para sobreviver emocionalmente às situações difíceis e quase fez dessa defesa uma prisão.

Costumo dizer que há aspectos positivos e negativos naquilo que denominamos, às vezes, apenas como qualidades. Fábio não percebia que a sua dificuldade em confiar emocionalmente na esposa estava ligada a algo de que ele gostava muito em si mesmo e de que se orgulhava: a resiliência. Por trás dela pode existir medo, mágoa, culpa e um monte de emoções que jogamos para baixo do tapete.

Contei a história do Fábio (lembrando que todos os nomes no livro são fictícios) para você perceber que, sim, pode ser difícil acessar e entender sozinho algumas coisas e, sobretudo, trabalhar para modificar alguns padrões de comportamento. Portanto, se sentir dificuldade, não hesite em buscar ajuda através de uma terapia. Você pode, sim, começar a se indagar sobre os porquês de seus comportamentos e até se colocar em uma posição de "advogado do diabo", questionando suas próprias conclusões. Mas saiba que, muitas vezes, repudiamos nossos aspectos que se manifestam de forma negativa e não aceitamos que nosso parceiro também os tenha. O que me leva, aliás, à segunda característica essencial para o desenvolvimento da autoestima: a autoaceitação.

Autoaceitação

Aceitar-se não significa ser turrão ou mal-humorado, por exemplo, e achar que o outro precisa tolerar esse comportamento. A frase "Ele (ou ela) precisa me amar do jeito que eu sou" é uma desculpa muito utilizada por quem está resistente à mudança e/ou escolhe o caminho de cristalizar atitudes pouco saudáveis, passando a responsabilidade para as mãos do outro. Claro, todos nós temos defeitos, e aceitar-se é entender-se no processo de amadurecimento e desenvolvimento para poder, inclusive, admitir a imperfeição do outro. Isso é diferente de uma postura infantil de "sou assim e pronto", certo? Quando falamos de relacionamentos, precisamos nos lembrar de que aquilo que magoa o outro deve ser sempre analisado com atenção e consideração.

A autoaceitação é extremamente importante, porque, quando a pessoa não se aceita, a tendência é buscar a aprovação do outro. Gostamos que o parceiro nos aprove, nos aprecie, de forma saudável. Isso faz parte do relacionamento, mas que fique claro: a autoaceitação e a autoaprovação devem vir primeiramente de você. Dessa forma, quando o outro tomar uma atitude de aprovação e aceitação, ele apenas complementará o que existe dentro de você. Não estará na posição de suprir uma falta interna. Entende a diferença? É mais difícil, inclusive, curar o sentimento de autorrejeição do que o sentimento de rejeição do outro.

Vejo muitos casos de pessoas que, por não se assumirem, acabam desenvolvendo um orgulho gigantesco para esconder essa fragilidade. Há também quem vire o bonzinho ou a boazinha o tempo inteiro para ser sempre aprovado pelo parceiro. Uma armadilha e tanto.

Vou contar uma história quase inacreditável, só para você ver aonde pode chegar a falta de autoestima e de autoaceitação. Atendi um casal que estava junto há onze anos. Ela, Marili, engravidou e teve uma filha muito bonita. Ele, José, tinha a autoestima tão baixa que não acreditou que a menina fosse filha dele e pediu um exame de DNA. O casamento entrou em crise. Por outro lado, Marili sempre teve problemas para se aceitar. José tinha sido seu primeiro namorado e ela buscava a aprovação dele nos mínimos detalhes, do que ia vestir ao que ia estudar. No consultório, ela disse: "Amo tanto que não consegui deixá-lo, mesmo ele pedindo o exame de DNA".

Não está em discussão se ela deveria deixá-lo por causa disso ou não – sempre digo que a medida para estar ou não em um relacionamento é pessoal e não devemos julgar, mas sim levar a pessoa a refletir. Importante, nessa história, é atentarmos para o fato de que, muitas vezes, a baixa autoestima de um lado e a falta de autoaceitação do outro podem gerar um círculo vicioso cheio de sofrimento.

Por não se aceitar, Marili tinha medo de ficar só, de forma que, por mais drástica e desrespeitosa que fosse a atitude de José, ela tendia a baixar a cabeça e nem sequer se colocar. Imagina quanta mágoa e medo não existiam entre os dois? Eles só foram para a terapia de casal porque José queria o divórcio de qualquer jeito. Ele tinha certeza absoluta de que havia sido traído. Tanta certeza que nem sequer queria esperar o resultado do exame que comprovaria que a filha era dele. A conclusão a que José chegou foi: "A minha filha é muito linda e eu sou muito feio. Como essa menina tão linda pode ser minha filha?". Então, no fundo, veio para a terapia porque precisava se resolver em relação à sua autoestima.

Autoafirmação de valores

A terceira característica para desenvolver a autoestima é: a autoafirmação de valores. Você já se perguntou quais valores são essenciais em sua opinião? Experimente fazer uma lista. Deixe-a anexada à geladeira por um ímã e, antes de dormir, dê uma olhadinha nela. Pergunte-se se, de fato, são valores imprescindíveis. Se o seu parceiro não tiver um desses valores (ou mesmo características que são valorosas e essenciais no seu entendimento), o relacionamento seria viável? Isso vale tanto para si mesmo (e desenvolver a autoconsciência sobre a qual falamos anteriormente) quanto para o seu parceiro ou para examinar o que quer dos seus próximos relacionamentos.

Há casos em que os parceiros têm valores diferentes e, ainda assim, o relacionamento dá certo. Casos assim são bem raros, porque exigem muita maturidade e respeito às escolhas do outro. O mais comum é acontecer o que ocorreu com a Cecília e o Renato, que chegaram ao meu consultório depois de vinte anos de casados. Cecília o traiu durante dez anos com a mesma pessoa, mas, acredite se quiser, enquanto Renato não sabia, o casamento fluía.

Acontece que Cecília começou a frequentar uma igreja, e o padre que a orientou disse que era preciso revelar a infidelidade ao marido. Antes de contar, ela fez o que pôde para que Renato também frequentasse a igreja. Não raramente, brigava com ele e o ameaçava dizendo que iria para o inferno por não praticar a fé. Renato tinha valores religiosos diferentes dos dela – ou melhor, era ateu –, e Cecília não soube respeitar o fato de que ele não professasse a mesma crença.

É comum, quando desenvolvemos nossa espiritualidade, querer levar o outro para o caminho que encontramos e que nos faz tão bem. Convidar ou mostrar pelo exemplo da própria conduta o quanto a religiosidade é boa para você, no entanto, é bem diferente de tentar empurrar os seus valores pela goela do outro abaixo. Se uma religião, um valor ou um sistema de crenças são muito importantes para você, a ponto de achar que seu desenvolvimento pode ser prejudicado ao unir-se com alguém com crenças muito diferentes, tome consciência disso e preste atenção quando for escolher um parceiro. Se estiver comprometido com alguém, tenha a consciência de que será preciso aceitá-lo com sua crença (inclusive se você espera ser aceito também) ou que talvez o relacionamento não faça sentido nesse momento da sua vida.

Ainda sobre valores, às vezes, vale refletir sobre aquilo que se espera do outro. Você tem os valores que espera encontrar no seu parceiro? É muito comum, quando há uma diferença muito grande de idade, que o parceiro mais novo veja o outro com admiração por, de repente, ele já ter conquistado várias coisas na vida. Por vezes, em vez de correr atrás de se desenvolver, essa pessoa busca nesse relacionamento um pouco do brilho do outro, como se estar ao lado dele lhe desse acesso a esse brilho, a essa característica que tanto admira.

Quanto a isso, tenho uma boa notícia: muito do que vemos no outro está presente em nós mesmos. A admiração é diferente de buscar no outro uma completude pela qual você sente inveja. Relacionamentos, aliás, são excelentes para nos tornarmos pessoas cada vez melhores. Sabe aquela característica que você adora no seu parceiro? Que tal prestar mais atenção nela, no intuito de desenvolvê-la em si mesmo? Mas do seu jeito, é lógico.

Outro dia me peguei rindo com uma paciente. Falávamos sobre valores. Lídia me contava que queria muito arrumar um namorado e começamos a conversar sobre o que era importante para ela. Então, ela me disse que desejava um rapaz culto, de preferência um artista, assim como ela. Lídia conheceu vários rapazes cultos, mas nenhum relacionamento durava muito. "Ah, fui me encontrar com ele e tive a impressão de que estava em uma palestra, a pessoa só queria desfiar um rosário de conhecimentos...", ela me contava nas sessões.

Um dia, ela conheceu o Filipe, um rapaz que não entendia de arte e não sabia quem era Franz Liszt, o compositor preferido dela. Acontece que ela ria muito com Filipe. Ele era uma pessoa leve, tranquila, muito amorosa e valorosa. Lídia me dizia: "Mas como pode, Mariangela, ele nem gosta de arte!". Então lembrei a ela: "Lídia, você tem tantos amigos com quem conversa sobre arte. O Filipe precisa ter os mesmos gostos que você? O quanto isso é essencial?".

Ela acabou percebendo que o valor que considerava importante antes – no caso, a erudição – não era tão essencial quanto o bom humor, a leveza e o companheirismo. No meio pelo qual ela circulava, o conhecimento era algo muito valorizado e, sem perceber, tomava como valor próprio aquilo que era do seu entorno. Portanto, nunca deixe de questionar a sua listinha. Um ano depois de conhecer Filipe, Lídia estava prestes a se casar com ele.

Ah, outra coisa muito importante! Lembra-se do que falei lá no início sobre quanto os valores de nossos pais exercem profunda influência sobre nós? Olhe novamente a sua lista de valores: parece que foi a sua mãe ou seu pai que a escreveram? Veja bem, não há problema em partilhar os mesmos valores de nossos progenitores, mas é muito comum nos alinharmos a eles automaticamente, sem questionamento.

A lista de valores deve ser resultado do seu processo de desenvolvimento, que o psiquiatra e psicoterapeuta suíço Carl Gustav Jung chamou de processo de individuação. Não hesite em prestar atenção a cada item da lista. Reflita, questione, refaça-a de tempos em tempos, pois, como mudamos ao longo dos anos, a lista também pode sofrer alterações.

Você pode, inclusive, compartilhar seus itens com o parceiro para que conversem a respeito das bases éticas e morais sobre as quais gostariam de viver a vida em conjunto. Se estiver solteiro, tenha essa lista em mente e, quando conhecer alguém, analise se a pessoa tem características incompatíveis com as suas. Quando começamos a nos relacionar, valorizamos muito o que a pessoa tem em comum conosco e muitas vezes deixamos de prestar atenção nas diferenças que geram incompatibilidade. Já vi relacionamentos serem interrompidos por causa disso. Ah, e também por causa de traços de personalidade irreconciliáveis.

Deixe-me explicar melhor. Sabe aquele conselho de amiga de que deve procurar alguém que tenha tudo a ver com você? É um bom conselho, em certa medida, mas os anos de consultório me mostram que um dos fatores de um relacionamento bem-sucedido está no fato de os defeitos das duas pessoas serem compatíveis. Um pouco estranho, não? Pois é, mas o que parece um defeito aos olhos de alguém, pode ser algo muito simples de lidar para outras pessoas.

O Mário, por exemplo, me procurou com a esposa Fernanda (um casal de quase dez anos). Ele era muito reservado, caseiro, enquanto Fernanda recebia visitas quase todos os dias. Artista plástico, ele trabalhava em casa e sentia-se muito incomodado com as conversas em voz alta e com tanta gente sempre circulando no espaço. Eles até tentaram chegar a um acordo, ambos cedendo no que consideravam possível, mas, no final, Fernanda começou a passar muito mais tempo fora de casa e o relacionamento deixou de fazer sentido.

Nesse caso, a vida pessoal dela com os amigos e o seu foco profissional – como figurinista, a troca de ideias era muito importante – tinham mais peso do que o casamento. É tudo uma questão de observar a balança do relacionamento. Apesar de a terapia de casal tentar a harmonia do par, às vezes pode servir como suporte para uma separação mais amigável. O processo terapêutico ajuda ambos a entenderem essa balança do relacionamento e a fazerem essa "conta" de forma mais consciente. Mário continuou sendo atendido individualmente e, meses depois, encontrou uma namorada, Sabrina.

Sabrina também gostava de receber amigos, mas com muito menos assiduidade. Ela não se importava que Mário não interagisse e ficasse no ateliê dele trabalhando – uma queixa constante que Fernanda tinha. Mário e

Sabrina já estão juntos há quase dois anos e outro dia ele comentou que ela se diverte com a "rabugice" dele. Ele, por sua vez, não se incomoda com o fato de que ela detesta lavar louça e é bagunceira. Nesse caso, os "defeitos" de ambos não se tornaram um peso nem motivo para desgaste no relacionamento.

Vou aproveitar a história do Mário para desenvolver o próximo pilar para a construção da autoestima: a autorreponsabilidade.

Autorresponsabilidade

Isso por que Mário precisou mergulhar profundamente em si para trabalhar algumas crenças limitantes e comportamentos automáticos. Na terapia de casal com a Fernanda, fiz os dois contarem as próprias histórias para que entendessem quanto o passado afetava aquela relação no presente.

Mário vinha de uma família superprotetora e havia conseguido tudo o que queria sem entraves. Por causa disso, tinha muita dificuldade para realizar projetos autorais – ele trabalhava vendendo telas encomendadas, mas empacava sempre que pensava em desenvolver os próprios projetos. Como seus desejos eram sempre realizados pela família, ele nunca exercitou o prazer de fazer algo sozinho, por si mesmo, e passou, em nossas sessões, a colocar a culpa por suas dificuldades na mãe e no pai. Um dia ele disse: "Até a monografia minha mãe me ajudou a escrever".

Percebi que Mário deslocava toda a responsabilidade para os progenitores, colocando-se como uma vítima eterna da estrutura familiar de origem. Fernanda ouvia as queixas de que ele não conseguia produzir algo seu e confessava sentir-se impaciente, pois sua família era batalhadora, com filhos muito autônomos. Além de reclamar dia sim e dia não, Mário passou a culpar Fernanda por não produzir, dizendo que as constantes reuniões dela com os amigos, em casa, o atrapalhavam.

A defesa psíquica é algo muito poderoso. Mário colocava todas as justificativas dos sentimentos em relação aos pais sobre a Fernanda, lógico, fugindo à autorresponsabilidade. Existe uma frase muito certeira: "Não são os traumas ou as situações que definem a vida de uma pessoa, mas sim como essa pessoa lida internamente com esses traumas ou situações". Sei disso porque atendo a pessoas muito diferentes em meu consultório e vi situações que, a princípio, seriam muito desestabilizadoras, mas que eram encaradas com muita calma, enquanto outras, aparentemente mais simples, causavam no indivíduo um furacão emocional.

Por que isso acontece? É que o enfrentamento de situações tem esse carregamento oculto que, no caso de Mário, havia sido desenvolvido lá na infância. Ao justificar que não conseguia seguir em frente com projetos próprios, por causa dos outros, ele acreditava que não precisava mudar e evitava confrontar o seu eu idealizado (sou um artista, mas não produzo por causa de X e Y) com o seu eu real (preciso descobrir se sou o artista que gosto de pensar que sou).

Muitas vezes, as pessoas não se lançam a realizar seus sonhos porque, enquanto não dão o primeiro passo, podem permanecer apenas o alimentando – o que, teoricamente, dá menos trabalho. É como se o desejo estivesse pervertido e encerrado em si mesmo, em vez de tornar-se um incentivo à realização. Parece que fugi do tema, mas não: muitos relacionamentos se desgastam porque as frustrações pessoais são descontadas na pessoa mais próxima: o parceiro. Por isso, a autorresponsabilidade é tão importante em um relacionamento. E não só em relação às próprias questões, mas também às concernentes ao casal. Lembra-se de que falei antes sobre os relacionamentos abusivos? Se você desenvolver a autorresponsabilidade, de forma a se conhecer e entender por que se deixa envolver em teias de manipulação, sairá mais facilmente de relações que fazem mal. Poderá desarmar, mais conscientemente, as questões internas que se projetam na dinâmica a dois, porque relacionamento é isso: uma concatenação das questões de cada um, confluindo para formar o corpo da relação. Mas, para você entender melhor, vamos explorar um pouco mais o conceito de autorresponsabilidade.

Autorresponsabilizar-se não tem nada a ver com culpa, até porque essa pode ser uma defesa psíquica poderosa, pois, ao se culpar, muitas vezes a pessoa apenas desloca o objeto – deixa de apontar para os pais, por exemplo, para apontar para si mesma. O resultado, no entanto, continua igual: a pessoa abraça a culpa e não dá o passo seguinte, o da transformação interna. Autorresponsabilidade é entender os entraves que nós mesmos colocamos em nosso desenvolvimento pessoal, mas não com o objetivo de ficar punindo a si mesmo. A meta aqui é descobrir o que precisa ser feito para que possamos mudar a rota e tomar decisões mais conscientes e assertivas em relação aos nossos desejos e objetivos.

Mário passou pela fase de jogar a culpa nos pais, depois na Fernanda e então em si mesmo. Quando entendeu que fazia isso porque o preço de agir era descobrir se ele conseguiria dar conta dos projetos pessoais – e como isso dá medo, não é mesmo? –, ele viu que se protegia de si mesmo. Uma falsa proteção, na verdade, porque ele sofria muito. O lado infantil de sua psique o colocava em banho-maria em relação aos seus propósitos e o lado adulto ficava soterrado nas autocomiserações.

Bem, foi um processo terapêutico forte e bonito o do Mário. Trabalhamos juntos, dando pequenos passos, um de cada vez, para que ele se sentisse cada vez mais seguro, incentivado e empoderado (sim, funciona com os homens também!), até conseguir dar os passos seguintes. Ele, por fim, conseguiu fazer uma série de cenas psicodramáticas sobre o tema "proteção", profundamente delicadas e dotadas de sentido. Construir autorresponsabilidade permitiu-lhe realizar um desejo há muito acalentado. Não há nada mais poderoso para a autoestima do que sentir-se capaz.

No relacionamento com Sabrina, ficava claro na terapia que, em vez de acusá-la, como fazia com Fernanda, passou a pensar primeiro em sua responsabilidade sobre cada situação. Juntos, eles têm construído um relacionamento bastante sólido.

Capaz de se responsabilizar por si mesmo e por suas decisões, Mário reforçou também a sua responsabilidade conjunta pelo relacionamento e, em vez de colocar foco só nos problemas, passou a se concentrar nas soluções. Disse algumas vezes "Temos desavenças de vez em quando, mas elas não abalam o que construímos, porque, afinal, desentendimentos fazem parte e juntos podemos resolvê-los".

Não é uma maravilha? Quando penso no deslocamento interno que Mário se desafiou a fazer – e com o qual se comprometeu, com dificuldades, claro, mas se comprometeu –, penso no quanto uma vida e um relacionamento mais plenos dependem da empreitada corajosa de dar um passo atrás, mas não no sentido de retroceder, deixar de avançar.

Para entender melhor, vamos construir uma imagem em sua cabeça agora.

Quando você dá um passo para trás, adquire mais campo de visão para ver o que está à sua frente. Isso aconteceu com o Mário e com tantos outros pacientes que atendo: ao se colocarem em uma posição em que foi possível enxergar o espectro da infância e, depois, a influência dele no momento atual, entenderam primeiro como observadores os elementos estruturantes de seus relacionamentos para depois ressignificarem tanto o passado quanto o presente. Outra analogia: se você coloca seu rosto colado no espelho, não conseguirá enxergar claramente as suas feições. Estas ganharão dimensões maiores e distorcidas por causa da proximidade. Agora, ao se afastar um pouco, tudo muda.

Sabe o que é uma briga? Duas pessoas com o rosto colado no espelho. Em vez de ação – que é algo consciente –, lançamos mão da reação, porque nosso sistema límbico (onde residem as emoções mais primitivas e os instintos de defesa) é ativado. Esse mar de emoções são nossas feições distorcidas, aumentadas. Fica muito difícil sair do processo dilacerante em que brigas e mais brigas acontecem sequencialmente. Estamos colados ao espelho, imersos em conteúdos inconscientes e reagindo não só ao nosso parceiro, mas também aos nossos traumas e crenças.

Claro, brigar é humano, demasiadamente humano. Em certa medida, a briga é saudável ao relacionamento, pois indica que os membros do casal estão colocando seus limites à prova. Atendi a um casal, Luísa e Márcio, que chegou ao consultório dizendo que o amor estava abalado e eles não entendiam o porquê. Não discutiam, não brigavam e, quando Luísa confidenciou à irmã o que estava acontecendo, esta disse: "Mas vocês nunca brigam, como o relacionamento pode estar ruim?".

Pode, claro. Sabe por quê? Luísa tinha uma dificuldade profunda de se impor e, desde pequena, era encarada como a boazinha da família. Essa imagem de boazinha foi tão alimentada e internalizada que, no relacionamento com Márcio, agia de acordo com esse eu idealizado. Seu pensamento era o de que pessoas boazinhas não brigam, e assim ela deveria continuar – eternamente pacífica. A questão é que, ainda que possamos fingir algo diante dos parceiros ou dos amigos, por dentro, o que incomoda borbulha e vira sintoma. Luísa tinha cada vez mais dores de cabeça e sentia um "bolo" na garganta. O corpo dela tentava chamar a atenção e dar vazão, do seu jeito, às emoções represadas.

Que sentido faz esse nível de coerção interna? No fundo, Luísa não acreditava que seu relacionamento pudesse perdurar se ela se impusesse. Não tinha segurança de que a relação era madura o suficiente para passar até mesmo por eventuais turbulências. Ela só acreditava que podia ser amada se mantivesse aquela imagem de boazinha. Se abandonasse essa imagem – inconscientemente pensava –, não mereceria o amor de Márcio – nem o dos pais, como era no princípio.

Infelizmente, acontece com muitas pessoas: elas escondem as próprias frustrações para se sentirem amadas, para não mancharem a imagem que fizeram de si mesmas ou para se colocarem no papel de mártir: a pessoa incrível e boa que faz tudo pelo outro, pelo relacionamento. A contradição disso é que, em vez de se permitirem ganhar amor sendo como são e sentindo o que sentem, buscam o amor do outro oferecendo uma máscara.

A gente precisa tomar muito cuidado consigo mesmo. Lembra-se do início do livro, quando expliquei como aquilo que você acha um ponto forte pode facilmente se instaurar na sua vida como uma distorção (exemplo: resiliência que vira defesa para se relacionar)? Muitas vezes, nós nos enxergamos ou com muita benevolência ou com benevolência nenhuma. No primeiro caso, tendemos a achar que somos sempre justos, corretos e que estamos sempre com a razão. No segundo caso, vemo-nos menores do que somos e percebemos apenas os defeitos.

Bem, não existe melhor nem pior, porque, nos dois casos, estamos transformando imagens falsas em realidade. O autoconhecimento é um processo de integração do que temos de agradável e desagradável, o reconhecimento dessas duas potências que habitam em nós.

Se partirmos do pressuposto de que não estamos sempre certos nem somos apenas uma coleção de defeitos, abrimos espaço para olharmos para o nosso ser em sua completude e complexidade. Ao percebermos essa dimensão viva e humana, passamos a ver o outro com mais generosidade, sem partir de pressupostos extremistas e comuns como: "ele(a) *só* pensa em si mesmo(a)", "ele(a) *só* sabe me criticar", "ele(a) *só* vive com raiva".

O que há por trás e além de tudo isso? Como podemos nos reconstruir para construirmos relações mais genuínas?

Integridade

O último pilar essencial para a construção da autoestima e, consequentemente, dos bons relacionamentos é a integridade.

A gente começou dando um passo para trás diante do espelho, aprendendo sobre as contaminações psíquicas e sobre os padrões repetitivos que só podem mudar se nos observarmos. Ok. Nesse processo de auto-observação, e com acompanhamento terapêutico, você descobre algumas coisas e resolve que não precisa mais reagir como a criança que sentiu rejeição, falta de amor ou desaprovação.

Como adulto, tem muito mais discernimento e ferramentas para não se deixar sequestrar por esses pensamentos, certo? Então, você diz: "Sim, quero mudar!", mas na primeira oportunidade tropeça. Sabe o que precisa ser trabalhado? O comprometimento, que tem tudo a ver com a integridade. Calma, vamos chegar lá!

Um exemplo simples, mas elucidativo: você resolve que amanhã vai começar a fazer exercícios físicos. Coloca o despertador para as sete da manhã, deixa a roupa dobrada e preparada para se levantar, vestir-se e sair. O dia amanhece, são sete da manhã e o alarme toca. Você estende a mão para o celular e ativa a soneca de cinco minutos. Depois mais cinco. Outros cinco. Então coloca o despertador para a hora de sempre, para levantar e ir ao trabalho.

O recado dado a seu inconsciente, quatro vezes durante as sonecas e, depois, no ajuste final do despertador, é que tudo bem assumir um compromisso consigo mesmo e depois negá-lo completamente. Na verdade você apenas faz de conta que assume seus compromissos.

Pode parecer bobagem, mas a psique registra e internaliza certos estímulos. Você se acostuma a burlar os compromissos e, cada vez que faz isso, normaliza o ato. Não se comprometer passa a ser um hábito e a ter mais potência do que o desejo de fazer exercícios físicos. Lembre-se de que aquilo que é alimentado, adquire força. Então, que tal se ajudar a mudar de comportamento? Coloque o celular não na mesinha de cabeceira, mas em algum lugar mais distante; assim, será obrigado a se levantar e, já que está de pé, terá uma chance um pouco maior de cumprir a sua meta.

E o que isso tem a ver com relacionamento, Mariangela? Esqueceu-se de que este livro é sobre casais? Ah, leitor amigo, tem tudo a ver. Quem não exercita o comprometimento consigo mesmo pode ter dificuldades em fazê-lo com o outro. E como a integridade entra nisso? A integridade nada mais é do que você concatenar discurso e ação, pensamento e atitude. Íntegro é aquele que coloca em prática o comprometimento consigo mesmo e com os outros, é a pessoa que tem as emoções e as ações em equilíbrio. A vida das pessoas íntegras está em íntima consonância de espírito, corpo e mente.

Mesmo o autoboicote é uma escolha. Há pessoas comprometidas com a autossabotagem. Mas por que parece tão difícil exercitar o compromisso consigo mesmo e com o outro? Na verdade, se fosse fácil, seríamos todos incríveis em tudo o que fazemos. Há vários motivos para isso. Atendendo o paciente João, por exemplo, percebi que ele estava muito angustiado por ter passado no doutorado de Engenharia. Voltando ao passado, descobrimos que ele tinha tanta adoração pelo pai – que se considerava o mais inteligente de uma família numerosa –, que inconscientemente não queria ultrapassá-lo em conhecimento. O pai tinha apenas o título de mestre na mesma profissão do filho, Engenharia.

Muitas vezes, o boicote de si e do relacionamento esconde vantagens ocultas. Acredite, se quiser: há sempre algum tipo de ganho psíquico em se manter exatamente como está. No caso de João, inconscientemente, ele estava se mantendo "leal" e confirmando o discurso do pai. Implicitamente, temia perder o amor do progenitor, caso o ultrapassasse. Então, compromisso – seja em fazer ou não alguma coisa – existe. Alguns comprometimentos nos levam em direção ao desenvolvimento, enquanto outros alimentam medos e inseguranças, que nos fazem permanecer onde estamos.

Mas a gente quer ser o melhor possível, certo? Então vamos explorar um pouco mais a questão.

É preciso periciar nossos comprometimentos, de forma a entender qual o vetor deles. O que queremos em troca? É o suficiente para fazermos os sacrifícios inerentes à conquista da meta, por exemplo? Depois de esquadrinhar cuidadosamente para saber com o que se compromete e com o que gostaria de se comprometer, mas não o faz, vale pensar em duas questões adjacentes: aquilo com o qual você se empenha o leva em direção ao autoconhecimento e, consequentemente, ao autoaperfeiçoamento? Aquilo com o qual não se empenha é de fato importante ou só faz parte de uma imagem idealizada que talvez nem tenha a ver com você?

Faça novamente uma lista de seus compromissos. Comece pelas coisas mais prosaicas, como, por exemplo, o trabalho, enfim, coisas rotineiras. Assim, terá um raio X dos seus compromissos com si mesmo. Depois, escreva o nome de pessoas próximas (ou menos próximas do que teoricamente gostaria) e veja como está o seu compromisso com essas pessoas.

O que observa nessa lista? Você se compromete com si mesmo, mas não consegue fazer o mesmo com relação às pessoas? Compromete-se com as pessoas, ainda que precise deixar de lado coisas importantes para você? E isso é compromisso mesmo ou só necessidade de aprovação?

Para sermos verdadeiros e levarmos uma vida plena, é necessário que façamos essas distinções. Sobretudo porque nós, seres humanos, vivemos em média oitenta anos, então é pouco tempo para dispender energia desnecessariamente, certo? Depois de refletir bastante sobre a lista, reduza-a ao que realmente importa. Considere o tempo que precisa para si mesmo e entenda que não terá condição de se dedicar igualmente a tudo e a todas as pessoas de que gosta

– será preciso estabelecer prioridades. Escolha os compromissos com sinceridade e, uma vez feito isso, atenha-se a eles por um tempo (ainda que mude de ideia adiante), apenas como exercício para fortalecer a integridade e a perseverança. Isso lhe dará força para todos os desafios de sua vida e, acredite, fortalecerá seus relacionamentos.

Comprometimento e integridade são essenciais em um relacionamento. Significam respeito à pessoa que o escolheu e com quem você decidiu partilhar alegrias e dores, viver e fazer planos juntos. Isso não quer dizer que você será sempre perfeito, mas que o outro poderá confiar – e vice-versa – de que agirá sempre balizado por boas intenções. A intenção boa, revestida de ética, é aquela que leva em consideração o parceiro como ser humano, que parte do que foi combinado como baliza, ainda que alguns ajustes sejam necessários ao longo do caminho.

Lembra-se de que falei que o contrato emocional dos relacionamentos precisa ser refeito sempre, às vezes, com muito mais frequência do que imaginamos? Isso será bastante importante, pois agora falaremos de um tema bastante espinhoso e que leva muitos casais ao meu consultório.

Trair ou ser traído: como reagir?

Apesar de existirem várias configurações de relacionamentos, algumas bem modernas, nossa sociedade ainda é baseada preponderantemente no acordo da monogamia e, não raro, os casais chegam à terapia com mágoas por terem sido traídos ou com sentimento de culpa por terem traído.

Bem, quero começar falando de traição de maneira geral. Simplificando, a traição é a quebra de um compromisso, dos termos de um acordo. É também uma quebra de expectativas que expõe egos feridos. Inicialmente quero derrubar o mito de que "quem ama não trai". As coisas não são tão simples assim. É possível amar e errar, é possível amar e ceder a uma espécie de impulso. Não estou querendo passar a mão na cabeça dos traidores, veja bem, só estou querendo aprofundar a discussão e tirá-la dos extremos, pois a vida é mais cinza do que apenas preta ou branca.

O fato de alguém quebrar um dos termos de um pacto não significa que todo o contrato precise, necessariamente, ser rasgado. Às vezes sim, mas nem sempre, pois cada caso é um caso. O casal precisa entender qual foi o contexto desse pacto, de que forma isso mudou, o que contribuiu para que uma das partes burlasse esse pacto, quais as responsabilidades de cada um, quais expectativas essa crise coloca em jogo e se há interesse e disponibilidade emocional para avaliar e seguir adiante (ou não) de maneira saudável. Conheci mulheres que tinham um relacionamento satisfatório, mesmo traindo seus maridos. Conheci maridos que não traíam suas esposas, mas que nem por isso tinham um relacionamento de respeito com elas. Há muitas formas de exercer o respeito.

O que a traição provoca em quem trai é uma duplicidade que fere a integridade. Se uma pessoa promete à outra que será monogâmico e não é, há dois compromissos em choque: o de ser monogâmico no discurso e o de não o ser na ação. O que isso gera, tanto na vida do traidor quanto na do traído? A ferida da integridade e a consequente quebra da confiança. Talvez esse seja o ponto mais doloroso a respeito da traição: além do ciúme e da dor que inevitavelmente acarreta, a traição fere o princípio da confiança no outro.

A confiança é um dos valores primordiais para a estabilidade e a durabilidade de um relacionamento e, quando acontece a traição, ela pode ser severamente abalada. Como reconstruir, então, essa base (se os dois estão dispostos)? Bem, primeiro é preciso entender por que aconteceu a traição.

Às vezes, ela acontece por autoafirmação. Samuel e Thaís chegaram ao meu consultório depois de dez anos de casados. Samuel estava desempregado e Thaís era uma mulher muito bem-sucedida, com a rotina muito voltada às realizações profissionais. Ela via o casamento como algo "já certo", de forma que não se preocupava em estabelecer momentos de intimidade com o parceiro, que a elogiava e buscava marcar programas a dois, frustrados quase sempre na última hora por Thaís. Bem, depois de alguns meses, Samuel conheceu uma moça durante uma entrevista de trabalho, saiu com ela uma vez e Thaís descobriu.

Não quero passar a mão na cabeça de Samuel, afinal de contas, uma das atitudes mais importantes de quando uma traição acontece – para que o casal possa superá-la – é que quem traiu se responsabilize por seus atos. No consultório, Samuel contou que Thaís era mais interessante que ele e que o afligia muito pensar nos homens que a rodeavam. "Mas, Samuel, a gente só fala de trabalho!", ela dizia. Ainda assim, o marido se sentia diminuído. "Então, senti saudade de ser olhado, desejado. Queria ser desejado pela minha esposa, mas acabei não tendo mais esperanças de que isso acontecesse. Aí a moça me olhou com interesse e não resisti", contou Samuel.

São muitas as variáveis nessa história. A autoestima de Samuel precisava ser trabalhada, mas ela não deveria ser uma justificativa para que ele quebrasse seu compromisso, se quisesse que seu casamento continuasse de forma saudável. Claro que nem sempre as pessoas falam a verdade no consultório. Sim, parte do que Samuel dizia era verdade, mas havia também um histórico de outros relacionamentos, de traições que aconteceram sem que as companheiras tivessem deixado de lhe dar atenção, por exemplo.

Thaís também não poderia comportar-se como "mãe" do marido, sentindo-se na obrigação de suprir a carência dele, movida, sobretudo, pelo medo de ser traída. Ela não deveria jamais cair nesse tipo de chantagem emocional. Mas, quando Samuel falou de autoafirmação, carência, vingança, devido à parceira não atender às suas expectativas, percebi que havia sinceridade ali, inclusive porque ele teve bastante dificuldade para falar que se sentia diminuído e não desejado. Os dois precisaram chegar a um meio-termo, em um processo de autoconhecimento, autoconsciência, respeito ao outro – dentro do que estabeleceram como tal – e também de limites para que Samuel não fosse castigado pelo erro eternamente. E cabe aqui contar que dei várias tarefas ao casal e, dentre elas, muitas que envolviam investir na relação, como, por exemplo, saírem para jantar, dançar, passear no parque etc.

Mais fatos para conversarmos sobre traição. Já atendi a casais em que a traição se deu em um contexto harmônico, no sentido de que aconteceu por causa do desejo de um dos membros em relação a outras pessoas e não por causa de alguma fratura ou falta. Nesses casos, mais incomuns, muitas vezes a saída é revisar a questão da monogamia ou o envolvido ter que procurar ajuda para se conhecer melhor.

Agora, o mais comum dos casos é a traição se dar no contexto do afastamento do casal. Quando a paixão arrefece, deixa-se muitas vezes de investir no tempo juntos, no romantismo e, também, de elogiar e valorizar o parceiro, e isso faz com que o desejo sexual vá decrescendo, até que ressurja, de outra forma, com outra pessoa.

Sejamos sinceros: o desejo é um movimento natural nos seres humanos e seria utópico acreditar que ele é única e exclusivamente voltado ao ser amado. Digo isso porque já atendi a casais em que um dos membros queria exercer o controle até sobre a fantasia do outro. A imaginação em relação à sexualidade pertence à esfera individual e todos têm direito à privacidade, inclusive porque fantasiar não significa que a pessoa vá trair o parceiro ou o ame menos. Parece óbvio, mas a necessidade de controlar o desejo do outro é bastante comum. Lembro-me de um paciente, Luís, que sabia que a namorada sentia atração por um lutador de MMA. Ela não podia sequer assistir às lutas em paz.

O que é traição? Para uns, a consumação física. Para outros, mais controladores, até as fantasias do parceiro (o que, obviamente, é uma distorção). Atendendo a inúmeros casais com diferentes perfis, idades e tempos de relacionamento, percebo que, falando de traição, há uma nota de corte comum: a intenção.

Hoje, com a profusão de redes sociais, aplicativos de paquera etc., tornou-se comum a traição virtual, nem sempre consumada ao vivo. Já ouvi: "Mas foi só uma conversa! Eu não a traí de fato!". Bem, se a intenção sexual se dá na conversa com uma terceira pessoa, e os parceiros fazem parte de um acordo monogâmico, sinto dizer, mas o pacto foi quebrado, sim.

A celeridade da internet e a superficialidade das relações têm feito as pessoas darem pouco valor à palavra. Fala-se que vai fazer uma coisa e se faz outra. Na primeira tempestade, deixa-se o relacionamento e se parte para o próximo. O que acontece é que a coleção de comportamentos pouco saudáveis apenas muda de endereço. O comprometimento profundo não é um produto cuja função é apenas servir às nossas necessidades. Comprometimento é alinhar-se a outra alma, de forma a conhecê-la melhor, observar-se e formar com ela uma parceria, ou seja, pessoas que caminham juntas, que se cuidam e se respeitam mutuamente. Cumprir os acordos emocionais firmados constrói a confiança necessária para que o casal prossiga.

Depois de mexer um pouco na ferida, para entender o contexto de uma traição, costumo reconduzir os casais aos processos afetivos que fizeram com que se unissem. A ideia é recuperar o carinho, o espaço apenas deles, fazendo programas positivos como assistir a um filme, por exemplo, enfim, transformarem a realidade do relacionamento – que geralmente está pesada – com elementos e experiências positivas. Para isso, vale mandar flores, deixar bilhetinhos, rever fotos antigas, fazer uma viagem, enfim, muita IR.

Quando o desejo sexual está abalado

Uma das maiores reclamações dos casais: a falta de libido ou a diferença de desejo entre os parceiros. Não precisamos nem dizer que, em um relacionamento a dois, o sexo é uma parte importante, pois, se ele não existe, resta apenas a amizade, certo? Até existem casais, sobretudo de gerações mais antigas, que viraram amigos com o tempo e resolveram não se separar. Não há problema nenhum nisso, se os dois estão contentes. No entanto, para a maioria das pessoas, assim que o relacionamento passa a dar mostras de desgaste, a cama também começa a esfriar.

Muitas vezes, a falta de libido é um sintoma de que o relacionamento de fato já se extinguiu (sim, alguns relacionamentos têm menor duração mesmo, passa-se por eles para aprender do outro, aprender de si mesmo e seguir adiante mais sábio). Na maioria das vezes, no entanto, é possível reacender a chama por meio do autocuidado, do tempo com o outro, da escuta atenta e de alguns exercícios. Nós, sexólogos, ensinamos alguns exercícios ao casal que podem funcionar muito bem. Um exemplo é a troca de carinhos e carícias, que aciona a libido. Ainda é preciso entender que o corpo é uma máquina movida a hormônios e que estamos sujeitos a oscilações naturais, sobretudo em determinadas fases da vida (falaremos, mais adiante, de sexo na gravidez, de puerpério e sobre o impacto disso no relacionamento).

Como voltar a seduzir e a ser seduzido? Uma boa forma é entender o jeito do seu parceiro de ser amado e comunicar a ele suas preferências. O consultor norte-americano de relacionamentos, Gary Chapman, autor do livro *As cinco linguagens do amor* (São Paulo, Mundo Cristão, 3. ed., 2013), nos dá um bom instrumental de trabalho. Ele conta que as pessoas costumam se sentir amadas de cinco maneiras diferentes: com palavras de afirmação, tempo de qualidade, presentes, gestos de serviço e toque físico. Vamos dar uma olhada melhor em cada uma delas?

As cinco linguagens do amor

Atendi a Ana e o Bento, um casal que estava junto fazia quinze anos. Ana dizia que Bento não a amava mais, e ele falava a mesma coisa dela. Ambos garantiam que amavam muito um ao outro, então, por que tinham essa percepção? Um dia, Bento disse: "Mas eu sempre falo que ela está bonita!". Bem, para Bento, dizer que Ana estava bonita era o jeito de ele demonstrar amor por ela – aquilo que Gary Chapman chama de "palavras de afirmação".

Acontece que Ana retrucava: "Ele já não faz mais nada por mim!". No início do relacionamento, Bento costumava fazer coisas simples para Ana, como levar seu carro para a revisão, o que ela adorava. Um dia, falando dessa época, ela comentou: "Eu trabalho muito, sempre trabalhei, então, quando ele fazia esse tipo de coisa para mim, me sentia muito amada, porque era uma atitude carinhosa que considerava minha falta de tempo".

Ana se sentia amada por meio de gestos de serviço. Isso para ela tinha muito mais peso e era muito mais eficiente do que as palavras de afirmação de Bento. Ele, por sua vez, sentia-se amado com tempo de qualidade e com o toque físico. Já Ana, para mostrar que o amava, costumava lhe dar presentes. Percebe a confusão? Os dois se esforçavam, mas estavam usando linguagens diferentes.

É importante entender como o outro se sente amado, assim como saber de que maneira você gosta de receber amor. Dessa forma, é possível ajustar tanto as expectativas como as atitudes românticas. Quando fizeram isso, o desejo sexual de Ana e Bento foi reforçado. Ela, prática e bem-humorada, disse em uma de nossas últimas sessões: "Se eu soubesse disso antes, nem tinha gastado tanto dinheiro com presentes".

Como o dinheiro entra na conta dos relacionamentos

Por falar em gastos, vamos adentrar outro assunto essencial nos relacionamentos: o dinheiro. Existe até certa vergonha de se falar em dinheiro, como se o amor fosse "manchado" ao ser relacionado com a vida financeira. Esse é um grande erro, porque, não raramente, um ou ambos os parceiros gostariam, sim, de falar sobre isso, mas têm medo da reação do outro ou de parecerem mesquinhos. O resultado é que, às vezes, passam anos calados, incomodados, fazendo do assunto um tabu, uma bomba prestes a explodir, o que desgasta a relação aos poucos, sem que haja oportunidade de reverter o estrago.

Joana e Fred estavam casados fazia dezesseis anos. Ele era mais prudente, econômico; ela gastava tudo o que tinha e ainda fazia dívidas. Durante uma viagem dos dois para Miami, Joana chegou a comprar doze pares de tênis, dando vazão ao consumismo (visto em terapia: vínculo compensatório para uma falta de amor e limites com origem na infância). Fred passou anos segurando a barra, pagando o cartão de crédito dela, até os dois se decidirem pela terapia de casal. Foi só no consultório que ele conseguiu dizer o quanto a atitude perdulária de Joana o incomodava, pois ele sentia que os dois não conseguiriam fazer planos de longo prazo.

Joana não sabia da relação entre a sua carência na infância e o comportamento irresponsável na vida adulta e acusava Fred de ser mesquinho. O pai da psicanálise, psiquiatra e psicoterapeuta, o austríaco Sigmund Freud, falou algo que se encaixa muito bem nessa história: tendemos a projetar no outro aquilo de que não gostamos em nós mesmos. Veja bem: Joana não levava em consideração o esforço do marido. Gastava o próprio salário e o dele em compras apenas em benefício de si mesma, e não do casal. Vamos ver de onde vem isso?

Esta é uma reflexão que poderá ser bem útil: preste atenção às acusações que faz. Pode ser que esteja atribuindo ao outro traços internos que lhe incomodam e, em vez de lidar com eles, simplesmente os esteja projetando no outro, na tentativa de negar e dizer: "Isso não me pertence". Nossa mente pode ser bem ardilosa.

Voltando à questão do dinheiro: existe uma fórmula para lidar com ele de maneira a não prejudicar o relacionamento? Não, cada casal terá de encontrar saídas para que os dois se sintam satisfeitos, de forma que, sobretudo, ninguém se sinta explorado ou acuado. Há casais que preferem ter conta conjunta e compartilhar o que ambos ganham. Nesse caso, é preciso bom senso e conversa, pois, se o dinheiro é dos dois, é ainda mais importante decidir o que fazer com ele conjuntamente.

Há aqui um grande perigo: se o dinheiro é dos dois, mas um dos membros ganha bem mais que o outro, como lidar com essa realidade? Atendo casais em que isso não faz a menor diferença, em que o senso de coletividade ultrapassa a questão. Mas, se um dos membros ganha mais ou menos, e se sente incomodado com isso, é preciso falar a respeito.

Atendo casais em que a mulher ganha mais que o homem – e isso o faz sentir-se menos viril. Em outros, é o oposto, e o homem se utiliza da primazia financeira para colocar a mulher eternamente no papel de servi-lo. Por isso, é tão essencial falar de dinheiro: por trás dele, há relações de poder e expectativas que devem ser expostas para que a vida financeira não vire uma solidificação de certos comportamentos abusivos. Muitas vezes, o dinheiro passa a representar valores ocultos que podem estruturar e/ou desestruturar as relações.

Vou abrir um parêntese para voltarmos a um assunto citado lá no início do livro: as relações de poder e a construção social do papel de homens e mulheres têm tudo a ver com a maneira de lidar com o dinheiro. Por muito tempo, coube aos homens sustentar a casa sozinhos e, apesar de as mulheres terem conquistado o mercado de trabalho, muitos ainda se sentem com essa obrigação implícita. Para piorar, foi ensinado aos homens que expor os próprios sentimentos não seria algo masculino, então, é muito comum que eles tenham mais dificuldade para se abrir e se revelar em uma posição mais frágil.

No início do meu trabalho como terapeuta, tive a oportunidade de formar um grupo com oito homens de diferentes profissões. Poucos homens procuravam terapia na época, e foi incrível a oportunidade que tive com eles. Pois bem, esse grupo permaneceu por dois anos, e esses homens sempre tinham muito a falar. No início, estavam retraídos, então, por meio de dinâmicas, fui incentivando a que se abrissem, a que partilhassem seus medos e angústias.

Quando o primeiro corajoso falou, os outros o seguiram. Alguns deles sentiam-se muito pressionados internamente a dar conta sozinhos dos compromissos financeiros da família, a ponto de buscarem vínculos compensatórios dos mais diversos tipos, como frequentar casas de prostituição, beber exageradamente em alguns eventos. Falar da questão financeira com a parceira parecia, inclusive, uma admissão de derrota, de que eram menos homens. Infelizmente, isso continua acontecendo. Também surgiu no grupo a falta de autoestima de alguns por ganharem menos do que achavam que deveriam, ou seja, não era uma questão relativa apenas ao salário, mas inerente a como se viam como homens. Se os casais conversassem mais sobre isso, quantos nós do relacionamento desataríamos? Quantos homens e mulheres poderiam reconstruir-se de forma mais livre?

Existem vários acordos possíveis: quem ganha mais, gasta mais e quem ganha menos pode pagar as contas proporcionalmente. Também funciona para vários casais terem duas vidas financeiras em paralelo: a conjunta, em que os gastos do casal e as economias para o futuro são feitas de maneira conjunta, e a pessoal, gerida com o que sobra da primeira parte. Importante, independentemente do acordo estabelecido, é que o dinheiro trabalhe em prol do relacionamento e não contra. Afinal, em uma separação, por exemplo, tudo será dividido por igual.

A importância da independência financeira

Há que se falar também de dependência e independência, pois a vida financeira toca nessas questões. Ainda acontece – com cada vez menos frequência – que um dos parceiros seja dependente financeiramente do outro. Claro que, na maioria das vezes, existe uma troca: muitas vezes, um trabalha enquanto o outro cuida dos filhos. Atendo tanto mulheres quanto homens que lidam bem com isso, e outros que se sentem diminuídos. O que posso dizer é que trabalhar e ganhar dinheiro não é nem mais nem menos importante que cuidar dos filhos – não é uma questão de valoração, mas de compartilhar responsabilidades e planos.

A "dependência", que prefiro chamar até de "complementariedade de funções", não é um problema em si, desde que ambos estejam confortáveis com isso. A longo prazo, no entanto, chamo a atenção para a suma importância de buscar, sim, a independência financeira, pois sem ela não há controle sobre a vida e, se o relacionamento acaba, é importante que se possa seguir em frente com as próprias pernas. Além do que, ser autônomo garante escolhas de vida com muito mais liberdade e clareza.

Já vi pessoas passando anos e anos em relacionamentos terríveis, porque dependiam financeiramente dos parceiros e não tinham confiança de que poderiam manter-se sozinhas. Nesse caso, o amor deixa de ser um vetor da relação e é substituído pelo medo, pela sensação de falta de perspectivas. Ou seja: perde-se a liberdade. Um preço muito alto a pagar, certo?

Sobre gastar muito ou ser avarento, ambos podem estar relacionados a faltas e posturas diante da vida. Não pense que as pessoas que economizam demais e são "certinhas" não têm questões internas a trabalhar. Fred, por exemplo, tinha vários pontos relacionados ao controle excessivo, enquanto Joana, apesar de pensar só em si ao gastar o dinheiro, também tinha momentos de generosidade com ele e uma confiança de que a vida sempre proveria os dois (ela ganhava, aliás, tão bem quanto ele). Ajustadas as visões sobre o dinheiro e estabelecido um plano em que os dois tiveram que ceder, aliviou-se a pressão sobre o relacionamento.

Um "estranho" no ninho

Resolvi falar de gravidez na primeira parte do livro, porque, enquanto a criança não vem, não há ainda a tarefa de educá-la. No entanto, desde o planejamento e com a confirmação da notícia, começam a acontecer alterações psíquicas importantes nos membros do casal, que geralmente os unem, mas que também podem gerar um distanciamento emocional.

Bem, no mundo ideal, a escolha de ter filhos viria depois de o casal ter retirado, ao menos um pouco, as camadas de projeção que citei nas páginas anteriores. Mais amadurecidos, a partir do autoconhecimento, os parceiros se colocariam em uma posição mais autônoma e livre, de forma a entenderem as próprias expectativas e exercerem seus papéis de pai e mãe, marido e mulher, de maneira consciente e saudável. No entanto, a vida é uma evolução em processo, assim como o ser humano. Estamos aqui para aprender aos poucos, portanto, com alguma dose de empenho, paciência e esperança tudo se ajeita.

A escolha de ter um filho geralmente passa, em um primeiro momento, pelo desejo do casal que se ama de formar uma família. O amor, esse vetor primordial e tão importante, é tido como a justificativa suprema para a propagação da espécie. E que bom, não é? Senão estaríamos extintos. Há, no entanto, outros fatores a serem levados em consideração, sobretudo se ainda não foram tomadas as decisões de ter filhos e quando. Bem, a conversa franca sobre valores é essencial nesse processo.

O parceiro pode ser um ótimo marido ou esposa, mas que valores ele relaciona à função de pai/mãe? De que forma gostaria de criar o filho? Acha essencial apresentar à criança seus valores religiosos? Essas perguntas, às vezes inexistentes antes de o casal ter filhos, têm a capacidade de abrir o diálogo de forma que cada um possa avaliar a compatibilidade do casal enquanto pais. Acredite: há casamentos que terminam não por incompatibilidade do casal, e, sim, pela forma de educar as crianças, o que acaba desgastando a relação.

Se ainda não tiver filhos, é bom que se tenha essa conversa quantas vezes forem necessárias. Preste atenção, sobretudo, no grau de expectativa que o parceiro tem em relação à criança, pois, não raramente, o ser humano espera que os filhos realizem aquilo que ele não conseguiu. Tente entender qual é a postura do parceiro em relação a gêneros, o que ele espera de uma menina e de um menino, e veja se isso se coaduna com os seus valores, com o que pretende ser enquanto pai ou mãe.

Depois desse primeiro passo, se você percebe que há compatibilidade, vale analisar as condições de vida dos dois, de forma a se organizarem e se prepararem para receber esse bebê, sem que sejam surpreendidos por situações que podem estressar o casal para além da dose normal de desgaste que a chegada de um novo membro na família causa. Sim, há muitas alegrias, pode ter certeza, mas há também estresse. Que tal pesquisar os inúmeros materiais disponíveis na internet e em livros com o seu parceiro, para se prepararem para as dores e as delícias da maternidade/paternidade?

Chamo a atenção para o fato de que, sim, as questões práticas, como aprender a dar banho e trocar fraldas, por exemplo, são importantes, mas, muitas vezes, se deixa de lado as questões emocionais envolvidas no processo. A maternidade e a paternidade podem ser o ponto de partida para sentimentos e emoções que mulheres e homens ainda não conhecem, antes de exercerem o papel de pai e mãe. Sobre isso, indico às mulheres o livro *A maternidade e o encontro com a própria sombra*, de Laura Gutman (Rio de Janeiro, BestSeller, 15. ed., 2016), e, no caso dos homens, que procurem inteirar-se sobre o movimento da paternidade ativa.

Quando a mulher engravida, ela faz aos poucos uma transição do papel de filha para o de mãe. Há até uma regressão curiosa ao comportamento infantil em alguns casos durante a gravidez. O homem, por sua vez, por não gerar, não vive o mesmo processo lento e gradual e comumente só se sente pai quando a criança nasce. Essa transição de filha para mãe e de filho para pai adiciona ao relacionamento do casal novos papéis, e há um luto natural em relação aos papéis anteriores. Não é que essa mulher e esse homem não serão mais filhos de seus pais, mas sim que o serão de outra forma, sobretudo porque os novos papéis deverão ter mais preponderância na vida que os anteriores.

A gravidez também gera reações inconscientes em muitos homens, provocando oscilação na libido masculina e até uma projeção em relação à própria mãe. Muitos homens tendem a ver a gravidez de forma sacralizada, não conseguindo conciliar os papéis de amante e mãe na mesma mulher. Isso tende a passar quando a criança nasce, mas, durante a gravidez, esse possivelmente será um período bastante delicado para o casal, já que as mudanças no corpo da mulher podem provocar inseguranças, que são somadas a esse ajuste psíquico na visão masculina. Se não houver clareza e trabalho em relação a esses possíveis movimentos, instala-se uma crise entre o casal.

Outras vezes, é a mulher que – por causa dos hormônios – tem a libido diminuída ou aumentada (isso varia de caso a caso). O homem percebe, então, que ela pode não estar mais tão disponível ou estar até demais, enquanto ele ainda está tentando se ajustar para reconciliar os aspectos "amante e mãe". Independentemente do caso, quando ocorre uma gravidez, o casal precisa entender (sobretudo o homem) que a prioridade é o bebê, portanto, sim, é normal que as coisas não sejam como antes.

A criança nasceu!

Quando o bebê nasce, o impacto é ainda maior, pois o puerpério (período de quarenta a sessenta dias após o parto, podendo estender-se) faz com que a mulher concentre toda a sua atenção no novo ser. A mãe funciona como ego auxiliar do filho e esse vínculo entre ela e o bebê assentará as bases para o desenvolvimento saudável das capacidades inatas do indivíduo. Nesse momento, muitas vezes, a esposa deixa o marido de lado. Novamente, é uma simbiose natural e, nos casos saudáveis, temporária. Em algumas situações, ocorre a depressão pós-parto, e o homem, nesse caso, deve evitar julgamentos em relação à mulher. Tornar-se mãe psiquicamente pode ser um processo bastante doloroso, porque é preciso recriar-se diante de tamanha responsabilidade.

Em vez de se concentrar apenas nas queixas e na sensação de rejeição como homem, o ideal é oferecer apoio emocional e buscar ajuda profissional para essa mulher. Cuidar de si como pai, entendendo e aceitando o seu papel um pouco menos ativo com respeito ao bebê (pois, por mais que o pai faça, é da vida da mãe que um bebê depende), é um ato de maturidade e amor em relação à própria família.

Sempre digo que se soubessem da importância do autoconhecimento e da empatia na construção de uma relação familiar saudável, homens e mulheres me procurariam antes, durante e até depois da gravidez (se a rotina com a criança permitir, é claro). A terapia de casal, vale lembrar, não é só indicada para momentos de crise. Ela pode ser uma bela oportunidade para os dois se entenderem cada vez mais e, assim, construírem uma sólida caminhada juntos.

Antes de entrarmos na educação da criança, quero me concentrar nas mudanças que ela traz à vida do casal. Sim, o sexo diminui, o homem ganha menos atenção do que costumava receber, a mulher pode se sentir feia, pois a barriguinha da gravidez perdura um bom tempo depois que a criança nasce. Será preciso que ambos, tanto o pai quanto a mãe, trabalhem a autoestima e a capacidade (no caso do pai) de abrir mão de expectativas irreais. Mas como manter o vínculo do casal, sobretudo depois que o bebê nasce? Há estratégias que tanto o homem quanto a mulher podem colocar em prática.

Sabe o que pode despertar o amor nessas situações? Vou contar para você.

Quando o homem se envolve de maneira ativa na paternidade (afinal, a única coisa que ele não pode fazer é amamentar), ele libera a mulher, ao menos um pouco, do cansaço gigantesco de cuidar de uma criança. Coloca-se disponível, seja para cuidar do bebê enquanto ela toma um banho, fazer uma sopa, trocar fraldas na madrugada, enfim, ele fortalece o laço de ambos estarem juntos no mesmo propósito. Oferecer flores, comprar algo que ela gosta de comer também são formas de exercitar o carinho, assim como fazer uma massagem nos pés.

Sim, todas essas ações podem não ser tão incríveis quanto os momentos que tinham – o final de semana inteiro juntos, por exemplo –, mas são atitudes que fortalecem o elo que há entre o casal, de forma que a mãe não ficará isolada com o bebê e o pai amuado, assistindo a tudo em um canto da casa. A mãe precisa, sim, dar toda a atenção para o bebê, mas que tal envolver o pai nas atividades? Que tal conversar de mãos dadas, quando houver algum tempo para isso? Por vezes, a simbiose natural mãe-bebê se estende, inadequadamente, ao longo de muitos anos, o que pode acabar com o relacionamento, pois, quando o filho é tratado como um eterno bebê, o casamento fica em segundo plano.

Larissa e Rafael passaram por isso. Desde que o Lucas nasceu, ele dormia em um berço no mesmo quarto que os pais (o que é adequado nos primeiros meses), mas, depois que cresceu, passou a dormir com eles. O menino se mexia muito, e Larissa sugeriu a Rafael que fosse dormir no sofá-cama da sala. Por quatro anos, foi o que aconteceu, e assim estavam até chegarem à terapia. Claramente, a simbiose mãe-filho havia se estendido demais. Não havia mais sexo e a conversa foi rareando até se tornar incômoda. A relação do Rafael com o Lucas, em vez de se fortalecer com o tempo (no processo natural que o pai estabelece para quebrar essa simbiose e favorecer a triangulação da criança), enfraqueceu-se, pois ele se sentia desconfortável com o filho. O pai deixava de cumprir ainda outro papel importante: ao frustrar o filho em seu desejo de simbiose com a mãe, ajudaria a construir o senso de autoridade, de estabelecer os limites que devem começar cedo na vida.

Um dia contei a Larissa uma pequena história: "Um homem, para fugir da guerra, foi abrigar-se no deserto. Passaram-se anos até que o encontrassem. 'Por que continua vivendo assim? A guerra acabou faz muito tempo', questionaram-no". Com Larissa acontecia algo parecido: a fase de simbiose com o filho, em que ela precisava ficar muito próxima do bebê o tempo inteiro, havia acabado. Assim como o homem da história podia voltar à civilização, ela podia voltar para o seu casamento.

Foi um processo e tanto readequar a vida desse casal. Foi preciso, novamente, voltar à infância dos dois, entender por que Larissa se apegava tanto ao filho, por que Rafael não conseguia estabelecer limites e conversar, por que os dois escolhiam se afastar gradualmente...

Quando perguntei a eles se gostavam de como a vida estava, eles foram unânimes: estavam infelizes. Larissa, na busca de ser a mãe perfeita, idealizada, e Rafael perdido, sem saber como se aproximar, se colocar, fazer parte da família que eles haviam escolhido formar.

Dei esse exemplo um pouco mais extremo porque, mesmo em menor grau, com pais que dormem sozinhos, depois que os filhos crescem, há pequenas atitudes que podem suscitar o distanciamento afetivo. Falaremos mais delas na próxima parte do livro, pois envolverão a influência do processo educativo na construção do casamento e da família.

PARTE 2
ELA, ELE E OS FILHOS

Os meus

Vamos começar falando de quando os filhos são do mesmo casal e apontar as principais obstruções para um bom relacionamento amoroso e em família. Bem, educar não é um processo fácil, porque, em alguma medida, quem educa precisa frustrar alguns desejos e atitudes da criança/adolescente.

Sara e Pedro chegaram ao meu consultório com a relação bastante desgastada, e o assunto principal era a educação de Miguel, de quinze anos. Pedro fazia tudo o que Miguel queria e sobrava para Sara sempre falar "não". O filho, quando a mãe colocava limites, dizia que ela era a chata da casa e, não raramente, quando Sara dizia algo, Pedro a contradizia. "Uma vez eu disse a Miguel que ele não poderia jogar futebol com os amigos porque não tinha estudado a semana inteira e o combinado era que cumprisse suas responsabilidades para então se divertir. Quando cheguei em casa, Miguel tinha saído com a anuência do Pedro", ela contou em sessão.

O casal deve se unir e tomar decisões sobre o filho conjuntamente, jamais desautorizando algo que o outro falou. Isso é essencial, pois desde pequenas as crianças são espertas o suficiente para perceberem esse jogo de forças. Quando um adulto autoriza ou desautoriza algo em contradição com o que o parceiro determinou, as crianças usam essa discrepância a seu favor, ou ficam angustiadas, com a sensação de que devem ficar do lado de um dos pais, como é o caso de Miguel, que cada dia mais se afastava de Sara e se alinhava a Pedro.

Sara chegou a um ponto em que estava tão cansada, que abriu mão de educar o menino. Isso acontece com mais frequência do que se imagina. Muitas vezes, diante de dificuldades para educar os filhos com o parceiro, um dos dois terceiriza toda a responsabilidade ao outro, o que não é bom para ninguém. No caso de Sara, Pedro e Miguel, a família inteira precisava de limites.

Voltando atrás no relacionamento do casal, ficou patente a falta da mulher, quando passou a não ser mais a amante, mas apenas mãe – o que pode justificar o descompromisso de Pedro que, desde a época do namoro, se apresentava como uma pessoa autocentrada, que não respeitava os compromissos assumidos. Sara, por sua vez, deixava para lá, escondendo, por exemplo, a mágoa que sentia por ele não ter ido à sua formatura. Ela até falava que havia ficado chateada, mas minimizava a questão e realizava tudo o que Pedro pedia, inclusive fazia lanchinhos e comprava bebidas para que ele recebesse os amigos.

Se olharmos esse relacionamento de perto, antes mesmo de Miguel nascer, veremos que Sara nunca deu limites a Pedro, que sempre esteve muito confortável para agir da forma como fazia. É como se ela tivesse, em determinado ponto da relação, virado aquele estereótipo de mulher que faz tudo e a tudo perdoa. Quando Miguel nasceu, e conforme cresceu, estendeu-se a ele o "direito" de fazer tudo e ser perdoado. À toa isso? Claro que não.

Miguel, desde pequeno, percebeu o comportamento dos pais, as reações de Pedro e Sara, enfim, a dinâmica das relações de poder que se estabeleciam na casa. De que lado ele ficaria? Ou melhor: que modelo parental ele reproduziria? O do pai, claro, que parecia mais divertido. Quando Sara resolveu mudar a dinâmica – afinal, ela precisava educar o filho –, não era apenas de uma questão presente que se tratava, mas de toda uma dinâmica que se havia estabelecido quinze anos antes, com o início do casamento, e replicada a partir dos modelos parentais da geração anterior.

É mais comum do que se pensa agirmos como nossos pais, reproduzindo comportamentos. Há também casos em que, buscando "negar" os nossos pais ou fugir dos resquícios de uma situação desagradável na infância, adquirimos comportamentos opostos que, da mesma forma, nos fazem construir relações pouco saudáveis. Essa é uma dinâmica que também se estende para os filhos, pois os pais são os modelos de família que as crianças construirão dentro de si e que buscarão quando forem adultas.

Para que servem os limites?

No caso de Sara e Pedro, o trabalho terapêutico partiu da recuperação do espaço de cada um, do respeito e também da quebra de competitividade que se havia instalado entre eles para disputar o amor do filho. Quando conseguiram ser mais carinhosos um com o outro, empáticos e passaram a cumprir acordos e compromissos, conversando sobre eles entre si, naturalmente a educação de Miguel seguiu pelo mesmo caminho.

Muitas vezes, os pais deixam os filhos fazerem tudo o que querem para que eles se sintam amados. Não é mentira quando me dizem isso, mas, na maioria das vezes, os pais têm essa atitude porque, na verdade, eles próprios querem ser amados pelos filhos, e a liberdade, a falta de limites é uma moeda perversa que utilizam para isso. Perversa porque educar é preparar o filho para o mundo e, sem limites, a criança ou o adolescente irá se transformar em um adulto com dificuldade para ouvir "não" e respeitar os limites alheios.

Impor limites é também dar amor e, talvez, a falta deles seja um dos maiores problemas de nossa sociedade. Atendo a pais que, por trabalharem muito, enchem os filhos de presentes para compensar a falta de momentos em família. Esses pais não sabem colocar limites em relação à vida profissional e, quando percebem que seus filhos não aprenderam a ter limites claros na vida, chegam a meu consultório perplexos, dizendo que fizeram tudo por amor.

O celular da moda não prepara para vida. Nem apenas uma educação primorosa, forjada nas melhores escolas. É o dia a dia, a troca carinhosa entre os pais, um almoço gostoso aos domingos, a partilha das experiências de cada um ao longo dos dias que criam laços de afeto, pertencimento e proteção.

Se seus filhos se isolam em seus quartos ou vivem grudados no celular o tempo inteiro, como esperar que aprendam a convivência, olho no olho? Os limites são necessários para recuperar essa atenção carinhosa com o outro, que vem perdendo-se cada vez mais com a proliferação das redes sociais.

Costumo dizer aos pais que têm dificuldade em impor limites aos filhos que essa é uma demanda que vem das próprias crianças e adolescentes. Repare: os filhos testam os limites justamente porque necessitam deles para balizarem sua vida. Já reparou que as crianças, muitas vezes antes de fazerem algo errado, olham para os pais para ver as reações deles? É a partir do consentimento, da desaprovação, ou mesmo da indiferença que entendem o que podem ou não fazer, para replicarem isso em outras situações sociais.

Se limites são importantes – tanto no relacionamento do casal quanto na educação dos filhos –, igualmente importante é o pai e a mãe avaliarem que limites são esses, por que eles foram estabelecidos e conversarem a respeito, inclusive com a presença de toda a família (sobretudo se tiverem adolescentes em casa). Digo isso porque o limite que se dá para o filho também é um reflexo do mundo interno do adulto, então, muitas vezes, este se utiliza do argumento de educar para projetar sobre os filhos suas questões mal resolvidas.

Paulo, casado com Ana há vinte anos, veio ao consultório sozinho, antes mesmo que eu sugerisse a terapia de casal. Ele tinha bastante dificuldade para conversar com a filha, Vanessa. A menina, com dezesseis anos, muito bonita, queria sair e passear com os amigos, mas Paulo instituía cada vez mais e mais tarefas que ela precisava cumprir nos dias de semana se quisesse se divertir aos sábados e domingos. Sério, era uma lista que nem um adulto daria conta! Um dia, ele me disse: "Ela é igualzinha à mãe!".

Ana havia traído Paulo no passado e, sem perceber, o pai projetava esse medo na filha e lidava com isso tentando controlar sua sexualidade. Ele e a esposa já não tinham vida sexual ativa e praticamente só interagiam para falar sobre Vanessa. Ana concordava com o controle excessivo que o marido exercia sobre a menina. No consultório, descobrimos que ela ainda se penitenciava pela traição e que não tinha coragem de dizer a ele que não achava nada demais a menina sair com as amigas e os paqueras. No fundo, tinha medo de conversar com Paulo sobre a sexualidade da filha, medo de que ele revivesse o passado e que precisassem, então, falar da própria sexualidade.

Ambos estavam jogando os problemas de seu relacionamento sobre a adolescente. Paulo dizia à filha: "Você não vai e pronto!", dando justificativas nada plausíveis, isso quando o fazia. Durante as sessões de terapia, ele insistia muito que era preciso colocar limites para que a filha não virasse uma "perdida" e demorou até entender que não era isso que estava fazendo. Ele estava *controlando e reprimindo* a filha: são coisas bem diferentes. Afinal, repressão é impedir os desejos.

Estabelecer limites não é apenas dar ordens autoritárias. É explicar tanto à criança quanto ao jovem a importância de fazer isso, de forma que entendam a necessidade dessa conduta. Quando se explica o porquê de um limite, quando se conversa com os filhos, eles se sentem envolvidos no processo e passam a ver os pais como autoridades e não como autoritários. Enquanto a autoridade constrói a sensação de confiança e proteção, o autoritarismo deixa marcas de humilhação e prejudica, inclusive, a autoestima dos filhos. Acontece que, para explicar aos filhos os porquês, é necessário pensar sobre eles.

Foi aí que, no caso de Paulo e Ana, chegamos ao relacionamento do casal. Ele pôde entender que o que queria impor a Vanessa não eram bem "limites". Existe ainda outra dimensão do limite que vale para todos – entre o casal e entre pais e filhos –, que é o limite da intimidade e da privacidade do outro. Todos têm direito a uma vida íntima e privada e, muitos anos depois, Paulo ainda continuava a vasculhar toda a vida pessoal de Ana, em uma desconfiança eterna, ainda que ela nunca mais o tenha traído. O ciúme havia virado um vício, que se estendeu de forma pouco saudável à sua relação com a filha.

O controle, ou mesmo o estabelecimento de limites injustificados ao outro, desgastam os relacionamentos. A invasão da privacidade também. Não era à toa que a família não se entendia, que Ana e Paulo não tinham mais vida sexual e que a filha "pagava o pato" por tudo isso. Foi preciso trabalhar as feridas da traição e Paulo, enfim, entendeu que Ana não era a mesma de tantos anos atrás, que se havia arrependido e não era justo ser punida, muito menos a filha.

Aos poucos, ele deixou de checar o celular das duas, passou a criar momentos de aproximação, investindo na relação amorosa com a esposa, e liberou a adolescente para viver esse período tão bonito da vida em que se descobre a paixão e as possibilidades do mundo.

Aliás, uma estratégia que costuma dar certo com os pais controladores é incentivar que eles conheçam aquilo que temem. Paulo, por exemplo, ficava de cabelo em pé quando a filha pedia para dar uma volta pela Vila Madalena, um bairro de São Paulo, com barzinhos. Eu disse a ele: "Por que você não vai lá passear um dia?". Ele, que pensava no lugar como um antro de drogas e perdição, se espantou ao ver jovens reunidos de forma saudável fazendo *selfies* e conversando nas calçadas e nos barzinhos.

Na questão dos limites, há outro ponto importante: é preciso encorajar as crianças e jovens a transporem limites com responsabilidade, para que saiam do casulo dos pais em direção a uma autonomia afetiva, pois só assim se aprende a responder com habilidade na vida. Não podemos esquecer que é difícil viver situações pela primeira vez, há um cabedal de inseguranças e medos em uma criança que começa a interagir com outras ou em um adolescente que está prestes a viver seu primeiro amor. O que queremos como pais: apoiar a autonomia e o crescimento pessoal ou reprimir e superproteger para tornar nossos filhos inseguros e fechados em si mesmos?

Os limites devem, aos poucos, ir mudando e sendo flexibilizados, de acordo com o amadurecimento dos filhos, para que eles desenvolvam autorresponsabilidade, sempre pelo viés da educação, do crescimento. Percebe a diferença? Os limites não devem servir para sanar questões dos pais, e sim se adequarem à necessidade e maturidade de crianças e adolescentes.

Quando a família se intromete demais

Quando falamos de limites, pensamos logo nas crianças ou no parceiro, certo? Mas tem mais gente para colocar nessa conta, como os pais de cada cônjuge, e, quando os filhos são de relacionamentos anteriores, podem entrar ainda ex-sogros e ex-sogras. Por vezes, com a melhor das intenções, essas pessoas podem prejudicar tanto a vida a dois quanto a educação das crianças.

Eduardo e Janice estavam juntos há oito anos, quando vieram à terapia de casal. Ele era muito apegado à mãe, a ponto de não faltar jamais aos almoços de família aos domingos. A mãe, Zoraide, claramente não simpatizava com Janice, relembrando as ex-namoradas de Eduardo desnecessariamente. E também competia com Janice: se a nora recebia um presente do marido, logo ela exigia ganhar alguma coisa também. Eduardo cedia às constantes demandas da mãe, a ponto de, no aniversário de casamento deles, levar também Zoraide para o cruzeiro que fizeram pela Bahia.

Eduardo não percebia, mas estava inconscientemente "casado" com a mãe. Essa simbiose estendida e completamente desnecessária entre dois adultos estava prejudicando muito seu casamento. Chegaram à terapia depois de uma cena praticamente de filme. Era um almoço de domingo e Zoraide comentou na frente de todos, inclusive dos dois filhos do casal, que não entendia como o filho tinha se casado com Janice, pois eles não combinavam nem faziam um par bonito.

Depois de anos aguentando as alfinetadas da sogra, vendo o marido correr continuamente para atender a todos os desejos da mãe, essa foi a gota d'água. Janice pediu que as crianças fossem para o quarto, voltou à sala de jantar e jogou todos os pratos, copos e o que mais tivesse às mãos na parede. Zoraide gritava: "Meu filho, ela é louca!", mas Eduardo, em vez de dar razão à mãe, disse: "Mãe, você abusa demais". Precisou que o limite de Janice fosse ultrapassado para que ele ficasse do lado dela. Enquanto Janice tinha paciência com Zoraide, machucando-se emocionalmente e sentindo-se desconsiderada pelo próprio marido, ele não percebia a dimensão da situação. No decorrer da terapia, foi ficando mais claro que alguma percepção ele tinha, sim, mas que preferia fingir que Janice era forte, que entenderia que sua mãe era uma mulher de idade etc.

Não é incomum a competição entre sogras e noras – daí o número de piadas a respeito. Mas precisa mesmo ser assim? É preciso escavar os motivos de uma simbiose, assim como impor limites a quem reivindica um papel que não é seu, mesmo que inconscientemente. Eduardo começou a impor limites à mãe, pois era ele quem tinha de fazer isso, não Janice. A esposa, por sua vez, devia colocar limites ao próprio marido, pois jamais deveria ter aceitado, por exemplo, que Zoraide fosse ao cruzeiro nem ficar calada por anos ante as frases venenosas da sogra, até explodir e quebrar tudo.

Com Andressa e José foi diferente. A sogra de José não se metia especificamente no relacionamento deles, mas sim no modo de tratar os filhos do casal. Incentivava uma competitividade pouco saudável entre os gêmeos e também dizia: "O pai de vocês não sabe de nada. Na minha época...".

As crianças acabavam contando para os pais o que a avó falava. Um dos gêmeos, Tarcísio, de vez em quando usava o argumento para conseguir fazer alguma coisa: "Mas a minha avó deixa!". Bem, é claro que os avós educarão de maneira diferente dos pais, mas qual o limite saudável para essas diferenças?

Uma coisa é dar um doce que, de repente, a criança não consome em casa ou ser naturalmente mais permissivo em pequenas coisas. Outra bem diferente é desautorizar os pais, falar mal deles, instituir, às vezes até de propósito, atitudes e valores que não coadunam com os dos progenitores. Nesse caso, será preciso colocar limites para esse tipo de avó/avô. Eles precisam entender que não são os pais, que não é seu papel estabelecer as bases da educação das crianças.

Os diferentes tipos de família

Em meu livro *Filhos felizes: o segredo da educação de adolescentes para uma vida bem-sucedida* (São Paulo, Paulinas, 2018) falei sobre os tipos de famílias existentes e vou resumi-las aqui para que você possa refletir se faz parte de um desses modelos.

A *família infantilista* é aquela em que os pais travam o crescimento e o amadurecimento dos filhos, mantendo-os em uma posição pouco autônoma e autorresponsável. Há aqui uma dificuldade em liberar os filhos para o mundo. Quais são os pais que têm tendência a criar os filhos infantilizados? São os pais que competem entre si e formam dois times: o do pai com um filho contra a mãe, superprotegendo-o e, dessa forma, sendo considerado melhor do que a mãe; o da mãe, que, por sua vez, puxa a sardinha para o outro filho e acaba sendo mais bem vista do que o pai. Lembre-se dos casais que deixam o casamento em segundo plano e colocam os filhos como o centro da vida.

O contrário disso é a *família adultista*, que atribui aos filhos responsabilidades com as quais ainda não têm maturidade para lidar. É o caso, por exemplo, de pais que deixam um irmão apenas um pouco mais velho responsável por cuidar do mais novo, o que seria atribuição de um adulto. Essa é, comumente, uma família de pais divorciados, em que se estabelece um dos filhos (menina ou menino) como o "marido" da mãe ou a "esposa" do pai. São casais que competem entre si e colocam os filhos um contra o outro e contra o pai ou a mãe. Geralmente, é um lar onde há muitas brigas e em que os membros ficam sem se falar por dias.

Há também a *família sem limites*, que não constrói uma base sólida para a criança e/ou o adolescente lidarem com o mundo e acabam virando adultos sem parâmetros, geralmente autocentrados. Esses são os filhos daqueles casais individualistas que trabalham muito, têm pouco tempo livre e presenteiam as crianças para compensarem a culpa da ausência.

Já a *família expulsiva* tende a tratar os filhos de maneira desigual, gerando competição e sensação de rejeição e superioridade entre seus membros. Geralmente, esses são filhos de casais competitivos, que comparam tudo e todos. Os pais divorciados, nesse caso, brigam e jogam os filhos de um lado para o outro, como se fossem verdadeiras petecas, ou seja, a mãe fala mal do pai e vice-versa. E, se um dos filhos mostra estar do lado de um dos progenitores, é excluído pelo outro. Esses casais comparam as famílias e tentam mostrar que um sobrenome merece mais orgulho que o outro.

Por sua vez, a *família desorganizada* é aquela em que não existe horário para nada, em que não há papéis definidos de pai e mãe, os quais uma hora educam e colocam algum limite e em outra deixam tudo solto, em um comportamento errante que gera dúvidas e insegurança. Essa família é característica de pais individualistas e que, por vezes, parecem adolescentes. Os filhos parecem mais maduros que os pais. O casal, nesse caso, tem uma vida do tipo "eu e ele" e não "eu com ele", como explicado na primeira parte do livro.

Por fim, temos a *família funcional*, em que os papéis são claros e busca-se sempre a consciência, a conversa e o aperfeiçoamento de todos. É a família em que há diálogo e respeito à autoridade dos adultos. O casal em questão tem uma relação de companheirismo e respeito, vivendo o estilo "eu com ele". Nesses casos, quando os pais ser divorciam, a guarda é compartilhada e a relação é amigável.

Falei dessas famílias resumidamente, mas, na abordagem dos casos deste livro, ficam bem claros os seus perfis. Se você quiser conferir mais detalhes, leia minha obra anterior, *Filhos felizes: o segredo da educação de adolescentes para uma vida bem-sucedida*. Ela trata, sobretudo, da educação, enquanto aqui nos concentraremos em traçar um paralelo entre os relacionamentos a dois e a educação dos filhos.

Portanto, voltemos ao casal que tem filhos juntos e como as relações em família podem fortalecer ou enfraquecer o elo amoroso.

É preciso diferenciar o papel de pai e mãe do de esposo e esposa, e, principalmente, entender que ninguém está contra ninguém, pois essa é uma das maiores queixas que chegam ao meu consultório. Por terem opiniões diferentes em relação à educação dos filhos, é instalada uma verdadeira guerra, em que o importante é ter razão. Qualquer casal terá desentendimentos, mas, por Deus, será necessário transformá-los em uma briga eterna? É preciso que pai e mãe se entrincheirem em lados opostos e passem a requerer o apoio para si deste ou daquele filho? Não mesmo!

Quando existe amadurecimento, o casal busca soluções junto, e, mesmo quando há problemas, os parceiros entendem que a vida a dois deve ser um espaço preservado. Se você é casado, pergunte-se: "Quanto tempo faz que você e seu cônjuge não ficam juntos ou apenas conversam de um assunto qualquer? De vez em quando, vale a pena deixar os filhos com os avós ou mesmo com uma babá e fazer uma viagem, ainda que seja para perto, um final de semana na praia ou em um chalezinho nas montanhas. Lá, vocês poderão acordar a hora que quiserem, tomar um café da manhã com calma e não terão de se preocupar com a rotina das crianças. Poderão exercitar, ao menos temporariamente, o papel de homem e mulher e não estar o tempo inteiro na função de pai e mãe. Mas não vale ficar ligando de meia em meia hora para os filhos, hein? Se o passeio causar muita angústia em um dos membros do casal (ou nos dois), pode ser sinal de que os papéis de pai e mãe estão se sobrepondo aos de marido e esposa. Que tal repensar a vida de vocês para encontrar tempo juntos? Se as crianças já são maiorzinhas, é saudável colocar limites também ao quarto dos pais, de forma que vocês não tenham o tempo inteiro a invasão de sua intimidade e privacidade.

Quando a separação é a melhor escolha

É importante separar bem os papéis dos casais, por conta também de outra questão: uma possível separação. Por mais que o casal se dê bem, há casos em que a relação acaba porque a vida leva cada um dos membros para rumos diferentes e já não faz mais sentido ficar juntos. Sim, às vezes o amor acaba por motivos que não são racionais, não têm a ver com traumas familiares anteriores etc. Se o casal tiver uma boa relação entre si, por exemplo, o processo de divórcio será menos traumático para os filhos, pois eles perceberão a tranquilidade e a firmeza dos pais e entenderão que o fato de se separarem não significa perder um dos dois.

O que acontece, em muitas mediações de divórcio, por exemplo, é que os membros do casal acusam um ao outro, inclusive diante dos filhos, e, muitas vezes, usam as crianças e adolescentes para se vingarem. Raquel e Fúlvio tinham uma menina de seis anos e um adolescente de quinze quando resolveram se separar. Raquel queria o divórcio, mas Fúlvio, não.

Ela não estava se separando porque o marido havia feito algo errado ou porque o relacionamento havia se desgastado por conta de questões internas inconscientes. Queria separar-se porque, com o tempo, desenvolveu uma relação de amizade com o Fúlvio e não enxergava mais nele um companheiro para viver o que ainda precisava.

Ele era um homem quieto, caseiro e não abria mão de morar no interior, enquanto um dos grandes sonhos da vida dela era fazer mestrado em Portugal. Raquel havia se casado muito cedo, aos dezoito anos, e disse: "Ele foi muito importante na minha vida e o amei muito, mas ele está feliz com esse estilo de vida e eu quero viver coisas bem diferentes".

Fúlvio não aceitou bem a notícia. Queria que Raquel continuasse no interior, que se contentasse em trabalhar no pequeno comércio que haviam montado juntos. Ele a achava uma ingrata por não dar valor ao que para ele era precioso, mas, em vez de conversar sobre isso e entender que, sim, as expectativas e os sonhos mudam (e que nenhum casamento tem a garantia de duração eterna), passou a usar os filhos para adiar o divórcio.

Era especialmente carinhoso com eles, passou a se aproximar ainda mais de Luísa e Fabinho durante a última crise do casal. O intuito não era prepará-los para a separação, mostrando que não deixaria de ser pai deles, apesar de não viverem juntos. Ele confessou em uma sessão que dizia aos filhos que amava a vida em família e lamentava que Raquel estivesse mais interessada em viver os próprios interesses pessoais, sem pensar no que aquilo poderia causar a todos.

Fúlvio fazia isso, segundo ele, para tentar manter a família unida, mas imagine quanto medo e angústia isso causava na menininha e no adolescente. Diante de um pai tão amável, eles se colocaram ao lado dele, tornando o processo de divórcio muito mais desgastante do que naturalmente seria.

Tão importante quanto viver bem juntos é saber o momento de se separar. A terapia pode auxiliar os casais a reencontrarem o amor que tinham um pelo outro, favorecendo a vida conjugal, mas às vezes ela também os ajuda a se separarem de forma a manterem uma boa convivência, a partir de uma constatação simples: a responsabilidade nunca é de apenas um. Se ambos entendem que a separação foi um caminho construído pelos dois, consciente ou inconscientemente, passam a olhar para o outro com o reconhecimento de que todos somos falhos e que não é porque o casamento terminou que o outro precisa se tornar um inimigo mortal.

Se o casal conversa e resolve seus problemas de relacionamento – e isso inclui a maturidade em aceitar quando não é mais possível ir em frente –, no caso de uma separação os filhos irão confiar de que a decisão, apesar de dolorosa, é a melhor para todos e que serão acolhidos nesse processo. Entenderão que podem falar do pai com a mãe e da mãe com o pai sem se sentirem constrangidos. Ficarão tranquilos também em relação à atenção que dão a cada um, sem temer represálias por ciúme. Atendi a uma adolescente que ouviu do pai: "Já que você prefere a sua mãe, vá pedir a ela o dinheiro para fazer essa viagem".

O rancor projetado na relação com os filhos pode ser descarado, mas, na maioria das vezes, ele é bem sutil. Em crise, muitos pais tendem a apontar mil problemas nos filhos para não encarar as questões concernentes ao casal. Chegam à terapia com a queixa de que o adolescente não está nem aí para os estudos ou de que a criança é dispersa demais. Não percebem que, em vários casos, as crianças e os adolescentes identificam o desentendimento entre os pais e agem de forma a chamar a atenção para si como forma de "distraí-los" e tentar "salvar" aquele casamento. Cabe aos adultos não colocar os filhos, ainda que inconscientemente, nesse papel injusto.

Há quem use os filhos para não se separar, seja como justificativa para não enfrentar certos medos, seja porque não quer privar-se da convivência diária com eles, seja ainda porque sozinho não conseguiria manter o padrão de vida ao qual estão acostumados. Nesse caso, corre-se o risco de desenvolver rancor em relação à maternidade ou paternidade. Veja bem, nenhuma decisão é *a priori* errada, quando se coloca os filhos em primeiro plano, mas uma pergunta importante é se essa solução fará de fato bem aos seus filhos. E quanto a você? Para o seu próprio desenvolvimento, não seria interessante buscar uma saída?

Mirtes, a quem atendi em terapia individual, me confessou que só não se separava do marido porque não tinha condições financeiras de sustentar os filhos com o mesmo padrão de vida. "Isso não foi um problema para mim durante cinco anos. Meu marido era muito concentrado no trabalho, e eu adorava cuidar das crianças. Mas agora que elas cresceram e estão na faculdade, sinto um vazio tão grande que me encontro desvalorizada, impotente". Em seu tempo livre, passou a cultivar vasinhos de suculentas. "É a única coisa que me deixa menos triste", dizia. A solução estava ali, o tempo inteiro, sem que ela percebesse.

Incentivada pela irmã, Mirtes passou a vender os vasinhos nas redes sociais e a dar cursos de como montá-los. Com os filhos saindo de casa e a pequena renda que passou a obter, conseguiu se separar do marido e mudou-se para uma casa mais simples, com um estilo de vida mais comedido. "Pude, enfim, me sentir capaz pela primeira vez na vida. A minha casa não é tão suntuosa quanto a anterior, mas cada objeto que coloco aqui dentro conta dessa nova fase da minha vida, e eu adoro", contou-me.

Os filhos tomaram um susto em um primeiro momento, pois Mirtes e Carlos estavam juntos havia trinta anos. Hoje, comentam com ela o quanto a mãe está bonita, parece mais viva. A própria filha, que estudou marketing, ajuda a mãe a cuidar das redes sociais da pequena empresa de suculentas e organizar os cursos. No ano passado, os filhos, além de Mirtes e Carlos, passaram o Natal juntos na nova casa dela.

Portanto, eu digo que, para mudar, o primeiro passo é deixar de olhar um pouco para a suposta dependência – como se ela fosse eterna – e notar o mundo ao redor. A mudança, psicologicamente, pode parecer mais aterrorizante do que de fato é, e uma forma de diminuir o medo é dar pequenos passos, um de cada vez, que reforcem a autonomia e a autorresponsabilidade.

Os seus

Contei a história de Mirtes porque seis meses depois de se separar, ela arrumou um namorado, Tadeu, também recém-separado de um casamento de quase trinta anos. Mirtes vinha toda feliz para as consultas, contava das primeiras viagens dos dois juntos, do quanto Tadeu era romântico, tudo uma maravilha. Apaixonada, ela queria conhecer os dois filhos de Tadeu, uma moça e um rapaz, mas o namorado sempre mudava de assunto.

"Estamos juntos há três meses, e ele diz que nosso relacionamento é sério, mas, se é, porque não me apresenta aos filhos?", questionava. Ela via a hesitação de Tadeu como um sinal de que ele não gostava dela, o que, claro, não era verdade. Tadeu, assim como Mirtes, estivera casado por muitos anos e, no caso dele, a filha ainda não lidava bem com a separação. Achava que ainda existia chance de os pais voltarem e costumava, inclusive, fazer almoços em sua casa com os pais para relembrar, à mesa, o quanto eles haviam sido felizes juntos.

Diante dessa dificuldade, um dia Tadeu disse a Mirtes que ainda não era hora de apresentações. Ela chegou arrasada ao consultório, mesmo que ele houvesse justificado sua postura. Também sentia ciúme dos almoços de Tadeu na casa da filha e começou a recusar convites dele nos dias seguintes a esses almoços, como forma de puni-lo.

Uso a história de Mirtes e Tadeu para mostrar quão delicado pode ser o processo de se relacionar novamente, sobretudo quando uma das pessoas ou ambas têm filhos. Contudo, o que parece impossível, com conversa e maturidade pode ser resolvido sempre da melhor maneira. E mais, se os encontros de Mirtes com Tadeu fossem muito prazerosos e deixassem gosto de quero mais, não haveria com que se preocupar.

É claro que Tadeu precisou respeitar o tempo da filha dele. No entanto, foi sábio no processo, pois também entendeu que precisava dar limites a ela, então disse a Mirtes que havia conversado com a filha e pedido a ela que respeitasse a sua decisão de se separar. Naiara, a filha, deixou de fazer comentários constrangedores no almoço. Ainda assim, até conhecer Mirtes, foi necessário percorrer um caminho delicado. Ela precisava aceitar que os pais se relacionariam em outra configuração.

Tadeu, segundo Mirtes, ficava dividido, mas sempre pendia a atender a filha. A gota d'água foi marcar um churrasco e fazer questão da presença do pai, sabendo que era o aniversário de Mirtes. Aí temos outro ponto: é comum, durante esse processo, que os pais consigam colocar limites algumas vezes e, em outras, não. A culpa implícita por terminar um casamento, por "decepcionar" os filhos, faz com que muitos pais caiam nesse tipo de manipulação e prejudiquem sua vida afetiva com os novos parceiros. Alguns, inclusive, desistem de tentar fazer a integração entre as novas famílias.

Em alguns casos, essa integração não acontece porque não é possível obrigar todos os integrantes a amadurecerem. No entanto, quando feita com paciência e respeito a todos os envolvidos, ela se dá naturalmente, com avanços e recuos, até que todos estejam mais confortáveis com as novas composições familiares. Faltava a Naiara entender que não precisava disputar a atenção do pai com Mirtes. Esta, por sua vez, se esforçou para compreender que Tadeu era pai e que não abriria mão dessa parte essencial de sua vida por um relacionamento. Perguntei a Mirtes: "Se sua filha se indispusesse com Tadeu, como você agiria?". Quando coloquei a filha dela como hipótese, ela admitiu que ficaria muito triste com a situação e que buscaria ter paciência.

Relacionar-se novamente pode ser ainda mais difícil, quando um dos parceiros tem filhos e o outro não. Isso porque quem não tem filhos pode sentir uma dificuldade natural em entender as responsabilidades e a necessidade de dividir o tempo entre os dois papéis.

Liliane, de vinte e sete anos, começou a se relacionar com Marcelo, de quarenta anos, pai de Celina, de doze anos. A menina aceitara bem a nova namorada do pai e, de vez em quando, pedia para ir ao shopping com eles ou sugeria programas juntos. Em vez de ficar feliz pela postura aberta da adolescente, Liliane me dizia que era "uma chatice" conversar com a menina sobre coisas concernentes à idade dela.

É preciso entender que, se o parceiro tem filhos, será necessário conviver com eles de vez em quando. Se a pessoa não gosta de crianças ou de adolescentes, melhor relacionar-se com quem não tem ou não quer ter filhos. É importante, sim, saber os próprios limites, mas querer que o relacionamento dê certo sem ter a menor paciência com um papel essencial na vida do parceiro (o de pai ou mãe), posso dizer, por experiência, será bem difícil. Nem seria bom para todos.

Quando o ex arma-se de rancor

Apesar de já ter assistido a filhos adultos com extrema dificuldade em aceitar novos relacionamentos de seus pais, crianças e adolescentes podem ser ainda mais difíceis de lidar, pois ainda não controlam suas emoções, e podem acabar sendo manipulados pelo esposo ou pela esposa anterior. Isso aconteceu com Thiago, que não aceitava Carla ter se separado dele e o novo relacionamento dela com Evandro. O filho de dez anos, Betuel, ouvia coisas como "Evandro não tem caráter", e contava para Carla, que então brigava com o ex-marido.

Então o menino se sentia culpado pelas brigas, preso em um fogo cruzado no qual jamais deveria estar. Que maturidade tem uma criança de dez anos para não comprar a visão do pai sobre o namorado da mãe? Ou para entender o despeito do pai e não passar a informação para a frente? Como conseguiria ser imparcial e não tomar partido? Tanto Carla quanto Thiago tiveram de ajustar seu relacionamento, agora como pessoas separadas, para não envolverem Betuel em seus dramas.

Os papéis de cada um precisam ficar muito claros em uma situação como essa. O pai, a mãe, o filho, o novo namorado – cada um tem seu espaço, suas responsabilidades e direitos intransferíveis. Se isso não ficar claro para todos, sobretudo para a criança, todos acabam sofrendo e os relacionamentos são prejudicados. Foi o que aconteceu nessa história: Evandro não deu conta da pressão e terminou o namoro. Meses depois Thiago arrumou uma namorada, e então foi a vez de Carla se vingar, falando mal dela para o filho.

É essencial estar aberto às adaptações da vida, a entender o movimento dos relacionamentos e não se sentir ameaçado ou agredido por eles. É muito comum que entrem em meu consultório pessoas que se sentem diminuídas e ultrajadas quando os parceiros anteriores arrumam novos amores. Quase como se fosse algo contra si, em um autocentramento pouco saudável. Nesse caso, estão quase sempre presentes tanto a dor pela dissolução quanto a autoestima ferida. Se a pessoa se sente bem consigo mesma e capaz de reconstruir a vida, ela não se incomoda que o outro possa fazer o mesmo.

Já recebi casais com quem fiz dinâmicas para recordarem o quanto foram parceiros. Relembrar também que o filho é amado e deve ser cuidado pelos dois, sobretudo emocionalmente. Quando entendem que seus medos, inseguranças e rancores estão prejudicando os filhos, geralmente esses pais choram e se sentem culpados. Existem, sim, pessoas que fazem mal aos filhos deliberadamente, mas são uma minoria. Geralmente, prejudicam a eles e a si mesmos por não saberem lidar com suas dores. E uma terapia nesse processo só vem para contribuir.

O novo parceiro deve saber o seu lugar

Os limites do novo parceiro também devem ficar muito claros. Há quem queira ser mais legal que a própria mãe ou pai da criança, em uma tentativa de fazer a balança pender para o seu lado. Cíntia, no afã de conquistar Larissa, de catorze anos, levou-a para ver um filme que a mãe da menina considerava impróprio. Quando o pai soube, brigou com a namorada e contou para a ex-mulher, pedindo desculpas. Disse que Cíntia não tinha o direito de desautorizar a mãe da menina, buscando a cumplicidade de Larissa.

Não sei se era o caso de contar para a ex-mulher, talvez bastasse uma conversa franca com Cíntia e o compromisso dela de que isso não se repetiria. No entanto, se Larissa dissesse à mãe, em um momento de raiva, por exemplo, que a madrasta era muito mais legal, porque a tinha deixado ver o filme, talvez o pai fosse responsabilizado injustamente. As relações, sobretudo com os filhos alheios, devem ser sempre mediadas pelo respeito que se tem em relação à decisão dos pais de como educá-los.

Não tiro a razão desse pai que resolveu deixar tudo transparente. Cíntia entendeu e pediu desculpas à mãe de Larissa, e esta, sendo uma pessoa bem resolvida, não estendeu a situação. Mais importante nisso foi Larissa compreender que a madrasta errou e pediu desculpas e que os adultos seriam capazes de se entender e deixá-la em uma posição segura. Não há problema, aliás, em as crianças e os adolescentes perceberem que pai, mãe, madrasta e padrasto são falhos. Se eles percebem seus erros e os corrigem para não prejudicarem filhos e enteados, fica tudo bem.

Agora, vamos a algumas dicas práticas que funcionarão como uma espécie de guia para quem está nessas situações:

O que fazer para ajudar os filhos a aceitarem bem o novo parceiro?

- deixar claro que ele não rouba o tempo disponível do filho ou filha;
- mostrar respeito e consideração pelo pai/mãe do filho e procurar manter relações cordiais com este/a;
- não alimentar desavenças, falando mal do ex-companheiro;
- mesmo se houver ciúme por parte do parceiro anterior, mostrar ao filho que o novo parceiro não é um competidor, pois, o casamento anterior não existe mais;
- respeitar o tempo da criança, adolescente ou adulto para processar a separação dos pais;

- apresentar o novo parceiro em um momento confortável para o filho;
- não forçar a barra para que o filho seja amigo do novo companheiro;
- estabelecer limites para o filho não competir ou tentar sabotar o novo relacionamento;
- não responsabilizar o novo companheiro pelo fato de o filho não gostar dele;
- não controlar o novo parceiro, dizendo que faça isso ou aquilo para conquistar o filho, muitas vezes mostrando algo que não é verdadeiro;
- não exigir que o parceiro assuma responsabilidades do parceiro anterior (falaremos desses limites no próximo tópico);
- fazer programas agradáveis com os dois para deixar que, naturalmente, se estabeleça uma relação gradual e saudável.

O que fazer para ter um bom relacionamento com os filhos do parceiro?

- conversar com o parceiro, expondo limites pessoais relativos à lida com a criança/adolescente;
- alinhar alguns valores e atitudes. Falar, sobretudo, de questões delicadas para saber o que se pode ou não fazer e/ou falar;
- aproximar-se da criança/adolescente com naturalidade, sem forçar a barra;

- não se colocar no lugar do pai ou da mãe da criança nem os desautorizar;
- não falar mal da mãe ou do pai da criança, alimentando uma competição que não deve existir;
- aproximar-se, na medida do possível, do companheiro anterior do parceiro, de forma a ter um relacionamento saudável. Afinal, os tempos mudaram e temos que nos acostumar e lidar com esses novos estilos de vida.

Aqui posso contar uma riquíssima experiência pessoal. Ganhei uma família deliciosa e também um novo papel, vódrasta ou tia-avó, como gostam de me chamar. Meu filho se casou com a Beatriz, que já tinha dois filhos: o Enrico, de onze anos, e a Olivia, de oito anos. A convivência com o pai, a madrasta e os avós paternos é bem saudável e nas festas todos participam e convivem bem.

Famílias modernas

Mesmo quando madrasta ou padrasto estão inseridos de forma saudável na vida dos filhos do parceiro, morar junto pode trazer novas instabilidades. Isso porque a criança e/ou o adolescente, que antes era visto em alguns finais de semana ou por algumas horas, passa a dormir na mesma casa de vez em quando ou até de forma definitiva.

Nesse caso, deve haver uma conversa prévia e clara sobre o papel de padrasto/madrasta, que não é o mesmo, logicamente, de quando se encontra a criança ou o adolescente de forma esparsa. Morando sob o mesmo teto, será impossível não participar mais ativamente da educação e orientação dessa criança, às vezes até tanto quanto o pai e a mãe. Então, como deve ser essa convivência para que a nova configuração familiar não prejudique também o relacionamento do casal?

Não existe fórmula mágica, pois cada caso é um caso. Há pessoas que deixam bem claro para o parceiro até onde estão dispostas a ir e não deve ser um problema não querer ser pai e mãe de um enteado, com todas as responsabilidades que isso exige. Nem sempre, no entanto, o parceiro que tem filhos entende isso com clareza. Janaína e Jorge, por exemplo, depois de dois anos de relacionamento, resolveram morar juntos. Jorge tinha uma filha de dez anos, Gabriele, que revezava uma semana na casa do pai e outra na casa da mãe.

Inconscientemente, Jorge esperava que Janaína fosse tão dedicada à filha quanto a própria mãe. Estava acostumado, no relacionamento anterior, que Susane levasse e buscasse a menina nas atividades extras, como o inglês e o balé. Antes de morarem juntos, Janaína disse a Jorge que teria o maior prazer em ter Gabriele em casa, mas que, por causa da fase profissional de sua vida, não poderia dar tanta atenção à rotina da criança. Jorge achou que isso fosse mudar, que ela ficaria encantada com Gabriele e as coisas se ajeitariam sem que ele tivesse de se responsabilizar por tarefas que, agora, teriam de ser dele.

Isso causou problemas na vida dos dois e resolveram fazer terapia de casal para ajustarem as expectativas do relacionamento. Janaína nunca quis ter filhos e, mesmo se quisesse, não se sentia obrigada a se responsabilizar por Gabriele. Nem era o caso de Janaína não fazer nada pela menina, longe disso. As duas se davam muito bem e, quando podiam, faziam programas culturais juntas. O que havia colocado como limite era a alteração de sua rotina profissional. Jorge precisou ajustar as expectativas para que continuassem juntos.

Nesse tipo de situação, é aconselhável que o ex-companheiro seja envolvido na conversa, para acertarem detalhes da rotina e na medida do possível estabelecerem as mesmas regras e horários. Isso, aliás, é essencial, pois, do contrário, podem surgir atritos e até disputas, se a criança quiser aproveitar para criar discordância entre os pais – não porque seja má, mas por querer testar os limites dos dois lados, o que é absolutamente normal.

Lógico que, por serem casas diferentes com pessoas distintas, haverá alterações na rotina, mas, quanto menores elas forem – sobretudo em relação à organização dos estudos, do sono e da alimentação –, mais fácil será para a criança adaptar-se e entender que, apesar de separados, os pais estão juntos na tarefa de estabelecer diretrizes de educação e limites.

Respeito é fundamental nesse processo e a mágoa pode levar a situações insustentáveis. Magno e Judite dividiram a guarda de João e, pouco tempo depois da separação, Judite voltou a se relacionar. Magoado, Magno perguntava sempre ao filho como havia sido a semana dele com Chico, o padrasto. Quando o menino contou que Chico o ensinava a desenhar, Magno ligou para Judite e proibiu. Pior: mostrou a João, com o seu comportamento, que não era bom que o menino criasse laços com o padrasto. Essa história Judite me contou na terapia individual, que interrompeu por um tempo, partindo para uma terapia familiar com o filho.

Ele estava com onze anos, na pré-adolescência. Dava para sentir em sua fala uma angústia muito grande por estar entre o pai e mãe, sendo usado como pretexto para brigas e disputas. É importante que o adulto não deixe a mágoa estabelecer limites irreais. Já atendi a pacientes que não permitiam que o filho falasse com madrastas ou padrastos. Imagina como é para uma criança morar em uma casa e se sentir obrigada a ignorar alguém dentro do mesmo ambiente. Daí podem surgir graves casos de depressão e ansiedade.

O fato de o ex-companheiro ter começado uma nova vida com outra pessoa, e o filho fazer naturalmente parte disso, não significa que sua casa e relação com a criança estejam ameaçadas. Pelo contrário, se for possível ter uma boa conversa com o atual parceiro do seu ex, ele poderá ser um grande aliado na educação do seu filho. Podem surgir histórias muito bonitas, quando as pessoas se dispõem a colaborar umas com as outras, mesmo que isso aconteça aos trancos e barrancos.

Vejamos o próximo caso. Depois de se separarem, Rose voltou a fazer terapia porque tinha bastante dificuldade em lidar com Nádia, a nova parceira de Elano, que tinha uma relação bem próxima com as filhas. Aos poucos, superando a mágoa e a dor pelo término do casamento, Rose pôde se abrir à convivência com Nádia, que também teve maturidade em não levar para o lado pessoal ou se render, além do necessário, às brigas que Rose provocou com Elano e as meninas. Um dia, meses depois do último atrito, as duas, enfim, conversaram na festa de aniversário das crianças e descobriram várias afinidades.

Na época, Rose estava muito ocupada, montando um bufê para casamentos. Nádia, que era florista, acabou virando parceira dela. Hoje, quando Rose tem algum imprevisto ou quer sair para namorar, muitas vezes Nádia se oferece para cuidar das crianças.

Os nossos

E quando ambos têm filhos e vão morar juntos? Aí a atenção precisa ser ainda maior, pois, além de entrar a relação de dois ex-companheiros na jogada, preocupados com os filhos, existe também a convivência dessas crianças que irão conviver na mesma casa. Pode ser que elas não se deem bem e, nesse caso, não adianta forçar. Você pode até incentivar que passem tempo juntas, criar atividades divertidas, mas sem criar muitas expectativas. Essencial é que, acima de tudo, se respeitem e obedeçam às regras da casa. Para que isso aconteça, deve-se tomar um cuidado especial para não tratar as crianças de forma desigual.

Se uma criança ou adolescente, por exemplo, ganha presentes toda semana, enquanto a outra só ganha em datas especiais porque o outro membro do casal é mais regrado, isso pode gerar um sentimento de diminuição. Saiba que os valores relacionados à educação serão observados por todos os filhos que, naturalmente, podem comparar e pensar em como isso os beneficia ou os prejudica. Nesse caso, é melhor que haja algum tipo de adaptação, sobretudo em relação a presentes e itens supérfluos.

Claro, você tem direito de optar pelo que acha melhor para o seu filho, mesmo que seu parceiro faça outras escolhas (no caso de terem decidido manter o dinheiro em contas separadas). Mas é realmente necessário que as diferenças sejam gritantes quando se trata de itens supérfluos? Ressalto que um dos pontos mais importantes hoje na educação das crianças é ensiná-las a "ser" antes de "ter". Isso é essencial para que, quando adultas, sejam racionais em relação a consumo, que não o usem para compensar alguma falta, mas porque aquilo que comprarem as ajudará em seu desenvolvimento e autoestima. As coisas supérfluas estão intimamente ligadas aos desejos e as coisas essenciais, às necessidades.

Se o casal compartilha dos mesmos valores religiosos e acredita no poder da fé e da oração, esse processo pode ser menos difícil. Não estou dizendo que seja uma condição; há pessoas que, mesmo sem seguir uma religião, possuem valores morais elevados que compartilham com os filhos. No entanto, se você e seu parceiro participam da mesma fé, isso pode ser uma ferramenta de união muito poderosa. A partir daí, vocês podem elencar os valores com os quais gostariam de reger essa família e, balizados por esses valores, ficará mais fácil entender como replicá-los de maneira prática dentro de casa.

Se os ex-companheiros tiverem crenças diferentes, é possível entrar em um acordo para que os filhos tenham acesso aos dois pontos de vista sobre a vida para que, quando maiores, possam decidir qual faz mais sentido em sua caminhada. Nessa situação, é preciso maturidade dos adultos envolvidos, pois não se trata de competir para ver quem vai aliciar a criança, mas apresentar a ela, de forma respeitosa e não impositiva, as diferentes formas de enxergar o mundo.

Cuidado para não excluir um dos filhos

Vale prestar atenção para alguns outros erros comuns que prejudicam tanto a relação entre os novos "irmãos" quanto o relacionamento entre seus pais.

Maíra e Gustavo uniram-se e passaram a conviver na mesma casa com Stephanie, filha de Maíra, de seis anos, e Renato, filho de Gustavo, de nove anos. Gustavo deu atenção especial à menina para que ela se sentisse à vontade na nova casa (onde ele já morava anteriormente). Mudou o filho de quarto para que a menina ficasse mais próxima ao quarto do casal, primeiro ponto delicado.

Não perguntou a opinião de Renato nem se estendeu muito em justificar o porquê da mudança. De repente, além de ganhar a presença de uma "irmã", o menino ainda perdeu seu quarto e teve que se instalar em um quarto mais aos fundos da casa, longe do pai. Para piorar, Maíra não tinha a mesma disponibilidade emocional com Renato que Gustavo tinha com Stephanie.

Resumo: o menino sentiu-se ameaçado pelos novos membros da família, entrou em crise e passou a pedir para ir morar com a avó.

Ainda que a escolha de Gustavo fizesse sentido, por Stephanie ser menor e exigir mais cuidados, não se pode usar apenas a racionalidade em uma situação como essa. É necessário dar atenção, principalmente às emoções que ela suscita. E, às vezes, é apenas uma questão de *timing*.

Em vez de fazer Renato mudar de quarto assim que as duas chegaram, melhor seria esperar um tempo para que ele convivesse mais com a pequena, criasse vínculo e, então, se sentisse mais seguro. Depois disso, seria então o momento ideal para ter uma conversa com o menino, que não reagiria defensivamente como fez.

É fundamental dar atenção equivalente às crianças, tanto a seu filho quanto ao do parceiro, para que se crie um clima harmonioso no lar. Uma boa estratégia para isso é se valer de jogos de tabuleiro e mudar os pares que competem. Uma hora, a mãe joga com o filho, depois com o enteado. Depois as crianças jogam no mesmo time contra os pais. Só cuide para que a dinâmica seja lúdica. Melhor ainda que não haja nem uma competição muito clara no jogo – cada dupla montando um quebra-cabeças, por exemplo, pode ser ainda melhor.

Se há brigas entre as crianças, controle-se para não se intrometer desnecessariamente. Se houver excesso e abuso, sim, será necessário intervir. Do contrário, se não são muito pequenos, já falam e são relativamente autônomos, ajude-os a encontrar suas próprias formas de solucionar os problemas. O caso muda se uma ou ambas as crianças não conseguem resolver as dificuldades entre si e isso acaba gerando angústia e acuamento.

Nesse caso, vale uma conversa franca com eles. Você e seu companheiro devem partir da premissa de que nenhum filho tem razão durante uma briga. Os dois precisam se responsabilizar por chegarem a tal ponto, então o tom predominante não deve ser o de acusação, mas a busca de uma saída para o impasse.

Tanto os jogos quanto as atividades ao ar livre e os passeios tiram um pouco da tensão inicial do convívio baseado em "senta aqui para a gente conversar e se conhecer melhor". É muito comum que, nessa fase inicial, a criança se sinta observada, julgada, ainda que isso não aconteça de fato. Muitas têm medo de que, por exemplo, se a madrasta e o novo irmão não gostarem delas, perderão o amor do pai. Isso pode ser bastante assustador e, quanto menor a criança, maior a dificuldade em entender e lidar com os próprios sentimentos.

O relacionamento entre os adultos também deverá ser cuidado. Muitas vezes, conhecemos a pessoa como parceira, mas não como pai ou como padrasto (ou como mãe e madrasta), por exemplo. O contato com essa realidade pode frustrar nossas expectativas. Não só frustrar, como foi o caso do casal em que Janaína não queria responsabilidades de rotina com a educação de Gabriele, mas entrar em desacordo com o que achamos melhor para os nossos filhos. Se em um momento de impaciência o parceiro grita com nosso filho, por exemplo, reagiremos como pais, não como parceiros, certo? E de que forma essa reação pode resvalar no relacionamento amoroso?

Bem, de fato, é preciso colocar limites no companheiro, de forma que não falte jamais o respeito aos nossos filhos. Mas acontece também de algumas pessoas ficarem tão tensas e vigilantes sobre a reação do outro a ponto de procurarem pelo em ovo. Temos que aceitar que o outro não é igual a nós, portanto, ele jamais falará e agirá da mesma forma. É inviável querer que seu companheiro tenha as mesmas atitudes e a mesma forma de comunicação que você construiu ao longo de anos com seu filho.

Outra situação bem comum é o filho sentir ciúme e "marcar território" dentro de casa, disputando os momentos livres com o companheiro amoroso da mãe/do pai. Deve ficar sempre claro que cada um tem o seu espaço. Talvez, no início, vocês precisem dar mais atenção às crianças e adolescentes, mas cuidado para não permitir que isso se amplie demais, não deixar a porta do quarto do casal sempre aberta e criar momentos de conversa privada com o seu parceiro, pois, na ansiedade, os filhos podem acabar se intrometendo em tudo.

Quando ocorre uma nova gravidez

Esse momento é bem delicado e, se possível, antes mesmo de engravidar, vale preparar os filhos dos relacionamentos anteriores. Pergunte-se se é a hora certa, se há mais de uma criança na casa, se elas já estão adaptadas, se já criaram ao menos um vínculo de respeito entre si. E o relacionamento amoroso, como está, diante de tantas mudanças? Vocês, como adultos, já se adaptaram ou há ainda uma carga de estresse natural?

A gravidez, pelos motivos que abordei antes, acarreta questões emocionais internas e, em uma situação em que já existe uma demanda bem alta, os relacionamentos podem se desgastar. Como está o rendimento escolar e o comportamento das crianças? O que elas pensam sobre ter um irmão ou irmã?

À primeira vista, essas perguntas conjugadas não parecem fazer sentido, mas o desenvolvimento intelectual, o cumprimento de tarefas e a vida social de crianças e adolescentes são um bom termômetro de seus mundos internos. Foi o que expliquei a Ciro e Aparecida – um casal de trinta anos que morava com Alex, o filho de sete anos de Aparecida – que queriam ter mais um filho.

Fazia três meses que Ciro e Aparecida moravam juntos e, desde a mudança, Alex havia voltado a ter enurese noturna. Ele sempre fora um menino mais quieto, mas, em uma reunião com a coordenadora pedagógica da escola, Aparecida ficou sabendo que ele estava tendo dificuldades no processo de alfabetização. Ela ficou surpresa, pois disse que Ciro costumava pedir que o menino lesse trechos para ele, à noite, como forma de incentivá-lo à leitura.

Ao observar, certa noite, como Ciro fazia a leitura com o menino, Aparecida percebeu que o companheiro ficava contrariado quando Alex errava, e dizia: "Alex, não é tão difícil... Assim não é possível!". O menino ficava ansioso e errava ainda mais. Era claro que a boa intenção do padrasto estava virando um martírio para a criança. "A gente vai parar quando você acertar, senão você não vai aprender", Ciro dizia. A última frase que Aparecida ouviu, antes de intervir e encerrar a lição, foi: "Assim, seus amigos todos vão conseguir ler e escrever antes de você".

Não era maldade de Ciro, vale frisar. Ele realmente achava que sua estratégia era boa e acreditava que daquela forma poderia ajudar Alex. Acontece que cada um aprende de um jeito, e faltava paciência e reforço positivo em seu jeito de agir. Além de se adaptar a uma casa e a uma escola novas, e a um padrasto que até então só via aos finais de semana, Alex ainda era pressionado a atender as expectativas dele. Não bastasse esse alto grau de pressão que o menino sentia, Aparecida e Ciro ainda perguntaram a ele o que achava de ter um irmãozinho ou uma irmãzinha. Alex respondeu: "Eu vou odiar ele para sempre". Ciro e Aparecida ficaram chocados.

Mostrei à Aparecida que a resposta não tinha necessariamente a ver com a nova criança, mas com o medo de perder a atenção da mãe e de lidar com mais uma situação de adaptação, quando o contexto já era suficientemente difícil. Sugeri a ela que se concentrasse na adaptação de Alex, que se envolvesse mais em suas atividades e que pedisse a Ciro que fosse menos severo.

Aparecida sugeriu que, em vez de aulas, o companheiro simplesmente chamasse o menino para jogar futebol por diversão, sem cobranças ou comentários sobre o desempenho esportivo de Alex. Deu certo. Ciro só passava do ponto com estudos, mas, em esporte, por ser um "perna de pau", Aparecida me contou rindo, conseguia ser leve e, assim, estabeleceram-se laços entre os dois, a ponto de o menino virar o maior companheiro do padrasto.

Se nós, adultos, nos sentimos inseguros com mudanças e em relação àqueles a quem amamos, imagine uma criança. Quando tudo estava bem, Ciro e Aparecida refizeram a pergunta a Alex sobre ter um bebê na casa, e ele disse: "Ele pode ficar com o meu *Ben 10,* se quiser". Ofereceu o boneco à criança que viria. Veja que diferença! Acompanhei o processo de adaptação deles e foi muito bonito: conseguiram integrar tanto Alex como a menina que nasceu em uma dinâmica familiar saudável e madura.

Outras vezes, uma nova criança pode melhorar a vida em família. Se está tudo certo entre o parceiro e seu filho, entre a madrasta/padrasto e o enteado e entre os "irmãos", um novo bebê pode servir como um elo intermediário na nova composição familiar. Atendo a casos em que as crianças de pais e mães diferentes passam a se relacionar com mais cordialidade, depois que têm um irmão em comum.

CONCLUSÃO

Os três subsistemas básicos dos sistemas familiares

Cada pessoa é um sistema em si. O casal é outro. Cada filho, outro. Assim, a relação entre eles forma um sistema diverso, sendo a família outro sistema ainda. Portanto, é absolutamente natural que seja difícil manejar tudo isso e colocar tantos diferentes sistemas em equilíbrio. Uma tarefa e tanto, mas possível e necessária.

Ao longo deste livro, convidei-o a pensar primeiro em você. A entender suas limitações, suas projeções, suas escolhas. Depois, versamos sobre a escolha de um parceiro e de como o relacionamento a dois faz com que emerjam questões da infância. Então, falamos de crianças, do convívio entre filhos de pais diferentes e da relação com os ex-parceiros do companheiro, de maneira que agora você tem muito mais ferramentas para seguir nessa caminhada.

Para completar esta nossa reflexão conjunta, vou entregar a você uma joia, constituída pelas três leis básicas que regem as relações familiares. Sendo mais consciente e em parceria com seu companheiro, você poderá estabelecer, por meio delas, um sistema familiar que fará cada um aproveitar as oportunidades de convívio para um melhor desenvolvimento individual e coletivo.

A primeira delas é o equilíbrio entre dar e receber. Isso compreende saber quem deve dar e quem deve receber prioritariamente. No relacionamento dos adultos, dar e receber deve compor uma linha de satisfação íntima que sustente a relação. Não significa que se deva cobrar tudo aquilo que se dá, medindo generosidades.

Há fases em que um dará mais que o outro, em que um precisará receber mais que o outro, mas, em geral, nos relacionamentos duradouros há generosidade de ambos e disponibilidade para um ser o ombro do outro quando necessário. Há também o peito aberto para contar com o outro, para não se sentir menos por pedir ajuda e expor suas fragilidades.

Não é difícil saber se essa balança vai bem. Basta estar atento ao parceiro, perguntar e dispor-se a ouvir. Se, por acaso, você anda recebendo menos do que gostaria, o caminho pode ser conversar. Muitas vezes, na tribulação do dia a dia, o outro pode nem perceber que você precisa de apoio apenas por desatenção.

O quanto se deve dar e receber tem a ver com limites que não firam a autonomia e a disponibilidade emocional de ambos. Em certo sentido, há um elemento imponderável para que se crie o relacionamento de almas gêmeas. É preciso que todas as mudanças internas de cada um façam sentido, como uma dança bem orquestrada. Há como ensaiar, como melhorar os passos e estar sempre investindo na relação, em busca de fazer e ser mais feliz.

Dar e receber também se aplicam aos filhos, mas aqui entramos na segunda lei, que é a das ordens do amor. Há uma hierarquia em dar e receber e, se isso não é respeitado, ocorrem prejuízos psíquicos. Mãe e pai dão a vida à criança e, enquanto ela for dependente, seu papel é mais de receber do que dar, enquanto o dos pais é o oposto.

Aprendemos muito com nossos filhos. Digo isso por experiência própria. Meu filho Bruno me ensinou e ainda me ensina muito, entretanto, sei que isso é um presente da maternidade e que, por experiência de vida e por tê-lo colocado no mundo, cabe a mim apresentar-lhe as ferramentas para viver bem. Hoje, menos, pois ele é adulto e precisamos nos conscientizar também de que os filhos não são nossos, mas do mundo.

Essa segunda lei parece óbvia, mas nossas carências, perdas e faltas nos levam de vez em quando a sobrecarregarmos os filhos com requisições excessivas de afeto, além de outras de matizes diversas. Claro que, na velhice, às vezes precisaremos mais deles do que supúnhamos, mas o que vejo em consultório são exigências que não têm a ver com necessidades da idade, mas com questões internas mal resolvidas. Portanto, tenha isso em mente: ao filho, cabe prioritariamente receber – afeto, instrução, sabedoria – e, aos pais, cabe dar. Essa é a ordem natural das coisas.

A última lei é a do pertencimento. Pense em seus antepassados, na força de mulheres e homens das gerações anteriores que justificam a sua presença neste mundo. Existe uma máxima do pai da química, o francês Antoine Lavoisier, que diz: "Na natureza nada se perde, nada se cria. Tudo se transforma". Com os inúmeros sistemas familiares que nos antecedem, e mesmo com os que virão, acontece o mesmo. Não há exclusões. Aquilo que não foi trabalhado tende a aparecer nas gerações seguintes para que possa ser observado e integrado pelo grande sistema.

Por isso, é importante analisar o passado, de forma a entender como os laços com nossos pais e avós nos fazem replicar questões que não são apenas nossas. Isso é igualmente essencial para que possamos construir um futuro menos contaminado para os nossos filhos, de forma a apresentar a eles, pelo exemplo, modelos de relacionamento que possibilitem o autodesenvolvimento e o desenvolvimento do futuro casal.

O amor é um caminho de exploração, descoberta e correção de rota dentro desses inúmeros sistemas. Amar nada mais é do que permitir-se a construção como um ser humano integral.

Desejo que você tenha conseguido descobrir, neste livro, que a vida nos dá a oportunidade de ressignificar e transformar muitas das nossas experiências em um aprendizado.

Dê a si mesmo a chance de ser mais feliz, mergulhando corajosamente dentro de seu interior, para libertar mais e mais o seu potencial de amar e ser amado.

Rua Dona Inácia Uchoa, 62
04110-020 – São Paulo – SP (Brasil)
Tel.: (11) 2125-3500
http://www.paulinas.com.br – editora@paulinas.com.br
Telemarketing e SAC: 0800-7010081